Topos Taschenbücher
Band 225

Johann Hoffmann-Herreros

Thomas Merton

Ein Mystiker sucht Antworten für unsere Zeit

Topos Taschenbücher

Die Deutsche Bibliothek – CIP-Einheitsaufnahme

Hoffmann-Herreros, Johann:
Thomas Merton: ein Mystiker sucht Antworten für unsere Zeit / Johann Hoffmann-Herreros. – 1. Aufl. – Mainz: Matthias-Grünewald-Verl., 1992
(Topos-Taschenbücher; Bd. 225)
ISBN 3-7867-1662-5
NE: GT

 1. Auflage 1992
Reihengestaltung: Harald Schneider-Reckels und Iris Momtahen
Gesamtherstellung: Clausen & Bosse GmbH, Leck

Inhalt

Wanderlust und -leid

Bis zu seinem Lebensende beschäftigte Merton vor allem diese Frage: Wozu bin ich eigentlich berufen? War er zum Sozialarbeiter, zum Schriftsteller oder zum Ordensgeistlichen bestimmt? Wenn zum Ordensgeistlichen, dann in welchem Orden? Ferner: Sollte er mit anderen Mönchen in einer festen Gemeinschaft oder ganz allein in einer Einsiedelei leben?
Mit der Frage nach dem richtigen Beruf war eine weitere verbunden: Wer oder was bewirkt eine Berufung? Ein Anstoß von außen, eine Stimme von oben (oder anderswoher), oder entwickelt sich die Berufung gleichsam aus einem selbst heraus?
Kurz vor seinem Tod in Bangkok äußert er sich dazu folgendermaßen: Wer glaubt, eine Berufung, einen „Ruf" zu haben, der muß in seiner Entwicklung an einen Punkt kommen, an dem er sieht, daß der unwiderstehliche Ruf nicht ganz das war, wofür er ihn ursprünglich gehalten hat. Vielmehr ist dieser Ruf (eine Art „Zwang") der notwendige Ausfluß des Temperaments, der Erziehung und der ganz persönlichen, besonderen Probleme, die einer hat.
Dies deckt sich mit gesicherten Erkenntnissen der modernen Entwicklungspsychologie, für die vor allem Erlebnisse und Erfahrungen in der frühen Kindheit von entscheidender Bedeutung für die Entwicklung eines Menschen sind. Daraus ergibt sich, daß wir uns die Familie, die Kindertage und die besonderen Lebensumstände Mertons besonders aufmerksam ansehen müssen. Wir sind dabei im wesentlichen auf drei Informa-

tionsquellen angewiesen: auf Fotos, auf eine Art Tagebuch von Mertons Mutter, in dem sie kleinschrittig die Fortschritte und Besonderheiten ihres ersten Kindes festgehalten hat, und auf Mertons Autobiographie *The Seven Storey Mountain* (wörtlich: Der siebenstöckige Berg).

Verhältnismäßig objektiv sind die Fotos und die Aufzeichnungen der Mutter. Etwas anders verhält es sich mit der Selbstbiographie Mertons. Als er sie 1946 zu schreiben anfängt, ist er bereits vier Jahre im Trappistenkloster Gethsemani in Kentucky (USA). Er hat damals noch das Gefühl, er habe den richtigen Schritt getan, er sei nach vielem Herumirren jetzt am richtigen Platz. Dies verdankt er, wie er immer wieder betont, der göttlichen Gnade, die ihn über viele Hindernisse hinweg für ein besseres Leben gerettet hat. Merton hat zu diesem Zeitpunkt die Autobiographien des Augustinus und Teresas von Avila gelesen, er kennt *Pilgrim's Progress* (der Aufwärtsweg des Pilgers) von John Bunyan und Dantes *Göttliche Komödie*. Bunyan und Dante entnimmt er das Bild der schwierigen Wanderung und des mühevollen Aufstiegs zum Gipfel, der endlich Klarheit bringt. Von Augustinus und Teresa übernimmt er die Stilisierung der vergangenen Ereignisse vom glücklichen Ende her, d. h. die eigene Vergangenheit wird als eine zwar turbulente, aber im Grunde doch zielgerichtete, von der göttlichen Gnade gelenkte Entwicklung zum persönlichen Heil hin dargestellt.

Dazu gehört vor allem, daß jugendliche Verfehlungen in der Regel übertrieben werden. Damit soll deutlich gemacht werden, wie groß die Gnade Gottes ist: Aus dem größten Sünder kann der größte Büßer oder Heilige werden. Die Jugendsünden erscheinen als Fallstricke des Teufels, aus denen der gnädige Gott auf seine ganz besondere Weise den Sündigen befreit und umwandelt. Dazu gehört auch, daß – in der Sicherheit des erreichten Ziels – viele Begebenheiten aus der Vergangenheit mit einem tüchtigen Schuß Humor dargestellt werden, besonders ausgeprägt bei Merton, der das Humorige, auch Absurde mancher Situation genießt und genüßlich ausmalt. Es ist jedoch anzunehmen, daß der junge Merton nicht immer ganz so leichtlebig gewesen ist, wie ihn der ältere Merton darstellt, und daß er in seinen vielen Schwierigkeiten weniger gelacht hat, als der erwachsene Merton im Rückblick annimmt oder vorgibt. Hinzu kommt noch, daß die meisten der jungen Zeitgenossen Mertons wohl in denselben oder ähnlichen Schwierigkeiten gesteckt haben dürften, dieselben Streiche gespielt und dieselben oder schlimmere Dummheiten gemacht haben, Mertons Lebensgeschichte also nicht in allen ihren Aspekten außergewöhnlich war. Dennoch gibt es in seinem Fall viel Besonderes und Einzigartiges, was seine Persönlichkeit so faszinierend macht.

Tom Feveral Merton (seine Mutter mag den Namen Thomas nicht) wird am 31. Januar 1915 in Prades in den französischen Pyrenäen geboren. Sein Haar ist rötlichblond wie das seiner Mutter, wird mit der Zeit aber hellblond. Der Vater ist Engländer, die Mutter Amerikanerin. Sie sind aus Neuseeland nach Europa gekommen, und es ist nicht sicher, ob sie lange in den Pyrenäen bleiben werden. Sie sind unruhige Geister, ziehen oft um. Die Mertons sind Künstler.

Die Mutter ist klein, schmal, ernst, keine Frau, auf die kleine Kinder impulsiv zulaufen würden. Auf einem

Foto steht sie so da, als wollte sie sich zurückziehen. Besorgt? Ängstlich? Das ist schwer zu sagen. Verwundert sagt ihr Sohn später, in der Familie habe man sie stets als fröhlich beschrieben. *Er* hat sie anders erlebt: bekümmert, genau, rasch in ihren Bewegungen und offensichtlich von ihrem ersten Kind nicht sonderlich begeistert. Tom entspricht nicht ihren Vorstellungen. In ihrem Tagebuch (*Tom's Book*) notiert sie zwar mit Befriedigung, daß Tom sehr aktiv, intelligent und hellwach ist, daß er auf Außenreize unermüdlich reagiert, doch sie registriert auch, daß er mit Spielzeug nicht viel anzufangen weiß, daß er nicht gerne bastelt, überhaupt nicht gerne die Hände gebraucht, „unpraktisch" ist und nicht lange bei einer Beschäftigung aushält. Er ist unbeständig, will nicht im Arm gehalten und nicht bewundert werden, und wenn er ins Bett soll, gibt es Geschrei. Von Anfang an ist er an Büchern interessiert. Ein Foto zeigt den kleinen Tom, von hinten aufgenommen, ganz allein in einem Zimmer. Er ist mit einem Buch beschäftigt.

Nicht, daß die Mutter etwas gegen Bücher hätte und gegen die Freuden, die man der Phantasie abgewinnen kann. Sie ist selbst Malerin, Innenarchitektin, aber sie hat Ehrgeiz, ist eine Perfektionistin, als Hausfrau, als Künstlerin, als Mutter. Kein Wunder, daß der kleine Tom nicht der Idealvorstellung seiner Mutter entspricht. Er erinnert sich später, daß er sie oft dabei beobachtet hat, wie sie mit Energie und Genauigkeit aufräumte, putzte, polierte. Merton sagt im Rückblick, er habe seine Mutter offensichtlich sehr enttäuscht. Zwischen den Zeilen klingt durch, daß sie ihm ihrerseits etliches schuldig blieb. Er wird ein Leben lang nach einer „richtigen" Mutter, genauer: nach einem Mutter-Ersatz suchen.

Der Vater, Owen Merton, ist in Neuseeland als Sohn englischer Eltern geboren. Die Vorfahren kommen aus Schottland und Wales. Owens Vater ist ein frommer Musiklehrer. Owen ist Maler. Er malt, wo es ihm gefällt. Sein Sohn sagt, seine Bilder hätten Gesundheit, Sinn für Proportionen und für das je und je Besondere des Gegenstands ausgedrückt. Ein Foto Owen Mertons zeigt einen jungenhaft aussehenden, sympathischen Mann. Er ist viel unterwegs, vergißt dabei aber seine Frau und seine Kinder nicht. Er ist, was selten ist, ein „guter Mensch".

Zusammenfassend sagt Merton über seine Eltern, von der Mutter habe er ihre Unzufriedenheit mit der unordentlichen, „verschlammten" Welt und etwas von ihrer Vielseitigkeit geerbt. Von beiden habe er die Freude an anstrengender Arbeit, die Fähigkeit zu Entwürfen jedweder Art und die Lust, Erlebnisse, Erfahrungen auszudrücken und zu etwas Eindringlichem zu verdichten. Schließlich erwähnt er noch die Fähigkeit, sich an etwas rundum und nachhaltig zu freuen.

Der Vater sorgt dafür, daß Tom in Prades evangelisch getauft wird. Er ist Anglikaner, aber kein Kirchenchrist. Er ist von Natur aus religiös und tolerant. Die Mutter geht gelegentlich in Quäkergottesdienste; im übrigen hält sie nichts von institutionalisierter Religion. Wenn sie im Freien malt, hat sie alles, was sie im Augenblick zu ihrer Zufriedenheit braucht, und wenn Bekannte und Freunde in die Wohnung kommen, freut sie sich genauso wie ihr Mann.

Doch es hält sie nicht in Prades. Tom ist noch nicht ganz ein Jahr alt, da siedelt die Familie nach Douglastown, Long Island (USA), über. Dort wohnen die Eltern der Mutter. Pop, Toms amerikanischer Großvater, ist ein quirliger Mann. Wo er auftaucht, ist gleich Bewegung. Er hat sofort alles im Griff, arrangiert dies und das und ändert noch im selben Augenblick seine Meinung. Er arbeitet im Buchgeschäft, hat eine feine Nase für den Publikumsgeschmack und bringt Verleger dazu, in bebilderte Schwarten zu investieren. Er macht auf diese Weise Geld. Er wird nicht reich, aber wohlhabend. Die Großmutter, die liebevoll „Bonnemaman" genannt wird, ist das genaue Gegenteil. Sie ist zurückhaltend, ja zögerlich. Sie schweigt, wenn ihr Mann lautstark alle Welt herumkommandiert.

Die Mutter ist weiter streng mit Tom. Wenn er nicht lernt, wie sie es gerne möchte, muß er ins Bett. Im November 1917 kommt ein Brüderchen, John Paul, zur Welt. Er ist ganz anders als Tom. Er läßt sich ohne Widerstand ins Bett bringen und singt sich selbst in den Schlaf. Tom ist dagegen wütend, wenn ihm etwas nicht gelingt. Er hat wenig Ausdauer, wenn er mit etwas beschäftigt ist. Er ist gern draußen, wenn es windig ist, und er mag Blumen. Seine Mutter registriert an seinem zweiten Geburtstag, daß er rund 160 Wörter kann. Er malt am liebsten Schiffe. Er will Seemann werden, signalisiert „Wanderlust". Weil er keine Spielgefährten hat, muß er sich einen Freund erfinden, den er Jack nennt und der einen Hund namens Dolittle besitzt. Der Vater spielt die Orgel in der Kirche der Episkopalen in Douglastown. Tom begleitet ihn und ist von den bunten Kirchenfenstern genauso fasziniert wie von dem stillen Licht der Gasflamme in der Küche. Bonnemaman lehrt Tom das Vaterunser beten. Sein Vater betätigt sich als Gärtner und Farmarbeiter, um etwas Geld zu verdienen, wenn seine Bilder sich nicht gut verkaufen lassen.

Noch lange wird sich Merton an einen Vorfall erinnern, der sich zu dieser Zeit in ihrem Garten ereignet. Sein Vater hat Rhabarber gezogen. Während die Mertons einmal beim Essen sitzen, beobachten sie, wie der Hauswirt, Mr. Duggan, sich ungeniert Rhabarber holt. Mr. Merton läuft hinaus und streitet sich mit Mr. Duggan. Als er zurückkommt, fragt Tom, welche Argumente hin- und hergegangen seien. Der Fall ist für ihn gar nicht so klar wie für seinen Vater. Er findet, jede Seite habe bis zu einem gewissen Grad recht.
Die kleine Episode hat vorausweisende Bedeutung. Später wird Merton seine Umgebung noch häufiger damit überraschen, daß er in einem Streitfall unerwartete Argumente einbringt. Dies führt nicht selten dazu, daß man ihm Unberechenbarkeit und Wechselhaftigkeit vorwirft.
Tom schaut sich Landkarten an, begleitet in Gedanken griechische Helden der Antike auf ihren abenteuerlichen Reisen, ist fasziniert von den geheimnisvoll klingenden Namen, allen voran *Hesperiden*, und entwickelt bei diesen Reisephantasien eine geistige Beweglichkeit, die sich auf ständig wechselnde Horizonte einstellen kann. Rückblickend sieht er das im wesentlichen als ein Verdienst seiner Mutter. Sie will, daß er unabhängig denkt und handelt und nicht in und mit der Herde läuft. Ihr Sohn soll originell sein, sein unverwechselbares Ich zum Ausdruck bringen, einen eigenen Charakter und eigene Ideale entwickeln.
Als er 1946 oder 1947 intensiv an seine Mutter und ihre Erziehungsideale zurückdenkt, sieht er das Paradoxe, das für viele Situationen seines Lebens bezeichnend ist: Die Mutter, die ihren Sohn zu ungewöhnlichen Entscheidungen auffordert, die wenig von Religion hält,

wäre vermutlich entsetzt gewesen, wenn sie erlebt hätte, daß ihr Sohn sich für ein Leben im Kloster entscheiden würde. Mutters „Bumerang“, wird der Sohn später schmunzelnd sagen.
1921 hat sie Schmerzen im Magen. Es ist Krebs. Sie muß ins Krankenhaus. Während der Krankenbesuche muß Tom draußen im Auto warten, auch bei der Beerdigung. Die überreinliche Mutter hat darauf bestanden, verbrannt zu werden. Tom ist traurig. Es ist nicht nur, daß ihm jetzt die Mutter fehlt. Ihm fehlt Selbstvertrauen, das sie ihm durch ihr strenges Wesen und ihre Kritik genommen hat. Er fühlt sich als ein Mängelwesen, das es schwer hat, sich selbst anzunehmen. Aber, und das ist wieder ein Paradox, von derselben überkritischen Mutter hat er die Kraft bekommen, seinen Weg zu suchen und sich auf diesem Weg als Individuum zu behaupten. Das wird ein langer, gewundener, schwieriger Weg sein.
Nach dem Tod der Mutter bleibt John Paul bei den Großeltern in Douglastown. Für Tom beginnt jetzt ein regelrechtes Wanderleben. Der Vater nimmt ihn zu Orten mit, an denen er besonders gern malt. So lernt Tom immer neue Menschen und Orte kennen, kann aber wegen des raschen Ortswechsels nirgendwo Wurzeln schlagen. Schwierig wird es mit der Schule. Kaum hat er sich in einer Schule eingewöhnt, geht es schon wieder weiter. Was in allen Schulen gleich ist: Tom hat Schwierigkeiten mit der Mathematik und wird sie sein Leben lang behalten. Er entwickelt auch kein festes Verhältnis zu Geld. Geld wird ihm nie sehr viel bedeuten. Wenn er welches hat, gibt er es aus und denkt nicht in Kategorien wie Sparverträge, Zinsen und Investitionen.

Er ist froh, wenn er einmal nicht zur Schule muß, lieber schaut er in die Wolken, sucht sich eine aus, die wie Minerva mit dem Helm aussieht. Über den Bermudas, wo sie längere Zeit bleiben, sind die Wolken besonders schön.

Als Tom acht Jahre alt ist, verbringt er wieder einige Zeit bei den Großeltern in Douglastown. Er liest Comics, schaut sich Filme an. Zu der Zeit macht er eine Erfahrung, die ihn noch lange beschäftigen wird. Er spielt mit Jungen. Da kommt sein Bruder John Paul hinzu. Die Jungen, und auch Tom, wollen den Bruder nicht mitspielen lassen, scheuchen ihn fort. John Paul kann das nicht verstehen, er ist unglücklich und traurig. Tom will die Zuneigung und Liebe des kleinen Bruders nicht. Er will auf eine „perverse" Weise „unabhängig" bleiben. Die Liebe eines anderen anzunehmen bedeutet für ihn: Abhängigkeit eingestehen, und das will er nicht. Später erkennt Merton dies als die eigentliche Sünde: den Liebenden zurückzuweisen um der fixen Idee der Unabhängigkeit willen.

Die Episode zeigt auch, daß Tom es nicht gelernt hat, Bindungen einzugehen und zu pflegen. Was ihn vor allem daran hindert, ist, daß er sich aufgrund der Kritik der Mutter selbst nicht liebt, und nach dem Bibelwort „Liebe den Nächsten wie dich selbst" kann nur der den Nächsten lieben, der sich selber angenommen hat.

Toms und John Pauls Vater ist wieder auf Reisen, diesmal allein. Einmal erkrankt er schwer, erholt sich aber rasch wieder, malt, stellt aus. Als Tom sich in Douglastown ein bißchen eingewöhnt hat, heißt es plötzlich wieder: die Koffer packen. Der Vater sagt: „Jetzt geht's nach Frankreich." Für Tom, der zehn Jahre alt ist, bedeutet dies die Wiederbegegnung mit seinem Geburts-

land, aber auch das Kennenlernen der Wurzeln der westeuropäischen Kultur. Wie seine Mutter hat Merton sein Leben lang Frankreich und die französische Kultur geschätzt und konnte sich häufig als Dolmetscher – er sprach fließend Französisch – nützlich machen.
Merton und Sohn machen im Midi halt. Sie freuen sich an der Landschaft. Toms Vater zeigt religiöse Bedürfnisse. Er möchte in St. Antonin ein Haus bauen. In der Gegend gibt es viele Kirchen und Klosterruinen. Diese machen auf Tom und seinen Vater einen großen Eindruck. Tom fragt sich: ‚Was waren das für Leute, die in diesen Klöstern lebten?' Klöster, Mönche, Mönchsgelübde beschäftigen seine Phantasie.
Im Sommer 1926 wird die quasi-mittelalterliche Idylle durch Großvater Pop und Bonnemaman unterbrochen. Sie haben auch John Paul mitgebracht. Wie ein Feldherr fällt Pop über Europa her, erobert geräuschvoll Stadt für Stadt. Auch Mr. Merton und Tom sind in seinem Gefolge. Pop und Bonnemaman legen Wert darauf, in Interlaken in den Zimmern zu nächtigen, in denen die Filmstars Douglas Fairbanks und Mary Pickford geschlafen haben. Mr. Merton und Tom atmen auf, als Pop und Bonnemaman wieder Kurs auf Douglastown nehmen. Tom überlegt sich in La Grande Chartreuse, dem Mutterkloster der Kartäuser, ob es nicht erstrebenswert wäre, an einem solch abgeschiedenen Ort sein Leben zu verbringen. Man sollte in solchen Überlegungen (noch) keine religiöse Berufung sehen. Hier ist einfach ein Kind, das das ewige Reisen satt hat und endlich einmal zur Ruhe kommen möchte.
Natürlich muß er wieder zur Schule. Im Lycée Ingres in Montauban erlebt er, wie die Jungen ihm, dem Frem-

den, feindlich gesinnt sind. Zugleich erkennt er, daß dieselben Jungen, wenn sie nicht im Rudel sind, sehr nett sein können. Aus dieser frühen Erfahrung heraus wird Merton später politische Massenbewegungen, wie beispielsweise das Nazi-System in Deutschland, als besonders gefährlich empfinden. Zugleich macht ihm die Brutalität der Jungen deutlich, daß er selbst zu Brutalitäten neigt.

Mit Schulkameraden schreibt er „Romane", die voller Abenteuer sind. Was die schreibenden Schulkameraden überrascht: In einem von Toms „Romanen" nimmt der Romanheld Geld von der Romanheldin an. Das ist unmännlich, meinen sie. Doch Tom bleibt bei seiner Meinung. Er wird noch sehr oft gegen die Konvention, das Vereinbarte, denken, schreiben, handeln.

Im Midi beginnt auch sein „Verhältnis" zur Gottesmutter Maria. Er sucht in ihr, wie auch in anderen Frauen, die Mutter, genauer: das, was ihm seine eigene Mutter an Mütterlichem vorenthalten hat, vor allem die Liebesfähigkeit. Die Schule macht ihn krank.[1] Weihnachten 1926 verbringt er bei Bauern, den Privats. Sie laden ihn ein, auch die Sommerferien bei ihnen zu verbringen. Sie sind nett. Tom lebt auf. Die Privats machen auf ihn einen nachhaltigen Eindruck. Was er an ihrer Zuneigung besonders schätzt, ist, daß sie ihn nicht vereinnahmen, nicht beherrschen wollen. Ihre Liebe „brennt" nicht, fesselt nicht, sondern läßt ihm seinen Freiraum. Er will die Privats in ein religiöses Gespräch

[1] Daß Merton die Schrecken in der französischen Schule nicht übertreibt, zeigen beispielsweise die Schulerinnerungen von Jean Paul Sartre und Guilloux (*Sang noir* – Schwarzes Blut).

verwickeln. Er argumentiert, jeder Mensch habe das Recht, sich seinen individuellen Bedürfnissen entsprechend seine eigene Religion zurechtzuschneidern. Die Privats bleiben ganz ruhig, sie sagen nur: „Aber das ist unmöglich.“ Sie haben erkannt, daß seine Lust an religiösen Debatten nur zeigt, daß er weit vom Glauben weg ist, daß er im Grunde an gar nichts glaubt. Sie halten sich ohne Aufhebens an ihren (katholischen) Glauben, überzeugen durch ihr stilles Tun und ihre Freundlichkeit. Merton hält sie rückblickend für die wahren „Heiligen“, und er ist sicher, daß sie entscheidende Wegmarken in seinem Leben waren.

Er erinnert sich eines anderen Beispiels von wortloser Überzeugungskraft. Einmal, es war in Douglastown, stehen vier Jungen, unter ihnen Tom, rund 25 hartgesottenen polnischen Jungen aus Red Neck gegenüber. Es ist eine bedrohliche Situation. In diesem kritischen Augenblick kommt der kleine John Paul aus dem Haus, ruhig, würdevoll. Er geht auf die Jungen zu. Zwei von ihnen nehmen die Hände aus den Hosentaschen. John Paul schaut sie gelassen an und geht ruhig weiter. Die Jungen tun ihm nichts. John Paul hat kein Wort gesprochen. Er ist ein „Heiliger“ wie die Privats.

Toms Vater hat bei St. Antonin eine Kapelle entdeckt, die halb zerfallen ist. Sie hat ein schönes Fenster aus dem 13. oder 14. Jahrhundert. Das Glas fehlt, aber die Fassung aus Stein würde gut zu ihrem Haus in St. Antonin passen, das nur langsame Fortschritte macht. Mr. Merton kauft das Fenster, und Tom freut sich darauf, endlich ein richtiges Zuhause zu bekommen. Damals spielt er mit Jungen aus der Nachbarschaft Rugby. Dabei erlebt er eine absurde Situation: Ein Tierfutterhändler fährt die Jungen gelegentlich zu den Sportplätzen und wieder zurück. Eines Abends hat er sechs Spieler im Auto. Da taucht im Scheinwerferlicht ein Kaninchen auf. Der Fahrer nimmt sofort die Verfolgungsjagd auf. Das Kaninchen läßt sich anscheinend gern verfolgen. Der Fahrer tritt aufs Gas. Beinahe wären sie im Fluß gelandet oder gegen eine Mauer gefahren. Der Fahrer ist wie vom Jagdfieber gepackt, setzt das Leben von sechs Jungen und sein eigenes aufs Spiel. Nur wie durch ein Wunder überleben sie die Kaninchenjagd, die das Tier gleichfalls unbeschadet übersteht. „Was ist das", so fragt Merton, „das einen normalen Menschen zu solcher Tollheit und damit in eine höchst absurde Situation treibt?" Erschrecken mischt sich mit Lachen.

Werden sie bald in St. Antonin eine wirkliche Bleibe haben? Tom möchte das, doch die Wanderlust seines Vaters sorgt für ein neues Wechselbad. Im Mai 1928 muß Tom nach London. Er ist froh, daß er der verhaßten französischen Schule entronnen ist, aber er weiß auch, wie schwierig es ist, in der neuen Umgebung Freunde zu finden und Fuß zu fassen. Sie wohnen bei Onkel Ben und Tante Maud in Ealing. Onkel Ben war Schuldirektor. Tante Maud ist eine liebenswürdige, verständnisvolle Frau, die gern die Mutterrolle übernimmt, ohne den Jungen mit Gewalt an sich zu binden. Gleich stellt sich wieder die leidige Frage nach der Schule. Tante Mauds Schwägerin, Mrs. Pearce, eine resolute Witwe, leitet eine Schule in Surrey. Dort soll Tom weiter die Schulbank drücken. Er muß Latein lernen und deshalb mit Anfängern in einer Klasse sitzen. Das schmeckt ihm nicht, aber er braucht Latein, wenn er eine Public School, ein gehobenes Gymnasium, besuchen will.

Bezeichnenderweise berichtet Merton in diesem Zusammenhang wieder von einem absurden Vorfall: Der Mann von Mrs. Pearce ist auf dem Fahrrad einen Berg hinuntergefahren. Die Bremsen versagen, er rast gegen eine Mauer und kommt dabei um. (Ähnlich absurd werden die Umstände von Mertons Tod sein, desgleichen der Transport der Leiche in die USA.)

Mrs. Pearce möchte wissen, was Tom später werden will. Er wolle schreiben, erklärt Tom. Was? fragt Mrs. Pearce. Zeitungsartikel, Bücher, antwortet Tom ein bißchen unsicher. Mrs. Pearce ist davon nicht erbaut. Sie sagt zu ihrer Schwägerin, die Tom begleitet hat: „Will er etwa ein Dilettant werden wie sein Vater?" Da nutzt auch nicht ein Blick Toms auf die Bilder an der Wand (Toms Vater hat sie gemalt). Mrs. Pearce sagt unverblümt, der Junge solle etwas „Ordentliches" lernen, Geld verdienen, um auf eigenen Füßen stehen zu können. Eindringlich sagt sie zu Tom: „Junge, werde nur kein Dilettant, hast du gehört?" Mrs. Pearce hat nicht verhindern können, daß Merton sein Leben lang ein (freilich genialer) Dilettant geblieben ist.

Das liegt im wesentlichen daran, daß er laufend die Schule wechseln mußte, also immer nur ausschnitthaftes Wissen mitbekam und nicht an systematisches Arbeiten herangeführt wurde. So machte er vorwiegend „in Mosaik", hatte ein scharfes Auge für lebendige Details, nahm überall Anstöße auf, verarbeitete sie schnell und wandte sich sofort der nächsten und übernächsten Erfahrung zu.

In der Schule von Mrs. Pearce gefällt es ihm besser als in dem französischen Gymnasium, obwohl er im Lateinunterricht unter jüngeren Schülern sitzen muß. Er treibt viel Sport und geht zum Beten häufiger in die anglikanische Kirche.

Kaum hat Tom sich in dieser Schule eingewöhnt, wird bereits überlegt, welche Public School er besuchen soll. Man entscheidet sich für Oakham in den englischen Midlands. Vor dem Eintritt in diese Schule erhält er die Nachricht, daß sein Vater krank ist und deshalb zur Behandlung nach London muß. Wieder ist Tom allein. Sein Vater hat einen Freund in Schottland gebeten, Tom für die Zeit seiner Abwesenheit bei sich aufzunehmen. Der Freund hat zwei Töchter, die älter sind als Tom. Sie haben nur Pferde im Kopf, und Tom muß Pferde putzen und reiten. Das gefällt ihm nicht, und auch weil die Mädchen ausgesprochen garstig zu ihm sind, hält ihn nichts mehr in Schottland. Er besucht den Vater in einem Londoner Krankenhaus. Er hat eine große Geschwulst am Kopf, die ihn entstellt. Die Ärzte glauben nicht, daß sie sein Leben retten können. Wieder droht Tom ein schrecklicher Verlust: Die Mutter ist tot, und bald wird er auch keinen Vater mehr haben.

Mit dieser seelischen Belastung geht er nach Oakham. Zu der Zeit wird die Schule noch von einem Direktor alten Stils geführt. Die Bewahrung der Tradition ist ihm wichtiger als das Neue. So hört Tom unter anderem, man müsse nach dem „Wahren, Guten und Schönen“ trachten. Aber solche Vorstellungen sind ihm zu abstrakt. Er hat konkretere Vorstellungen vom Schönen. Er hängt, wie andere Schüler auch, Fotos von Filmstars und -sternchen über sein Bett, und was das sogenannte Gute anbetrifft, sucht er sich gute Freunde, unter ihnen Andrew Winser und John Barber. Sie mögen Tom: Er weiß sehr viel, ist schon viel gereist, hat

einen beweglichen Geist und viel Humor. In ihrer Freizeit gehen die Freunde ins Café, bändeln mit Mädchen an, hecken Streiche aus. So tauchen Schirme auf Schornsteinen auf; an einer Leine, die zwischen zwei Schornsteinen gespannt ist, baumeln Nachttöpfe.
Auf diese Weise überleben die Jungen das harte Leben an der Public School, von dem viele Betroffene (unter ihnen der Direktorssohn und Schriftsteller Graham Greene) gesagt haben, wer das überstehe, der überstehe alles, was das Leben an Widerwärtigem noch für ihn bereithalte. Für die Jungenstreiche werden die „Übeltäter" mit dem Stock gezüchtigt.
Tom hat einen Plattenspieler, zu der Zeit keine Selbstverständlichkeit. Zusammen mit seinen Freunden hört er sich Jazzmusik und die Hits der späten 20er Jahre an.
Der Religionsunterricht kann ihn nicht fesseln. Den Jungen wird gesagt, einen echten Christen erkenne man vor allem an der Hygiene und daran, wieweit er dem Ideal eines englischen Gentleman entspreche. Für Tom ist dieses Verständnis von Religion an die wohlhabende Bürgerschicht gebunden, und die anglikanische Kirche ist für ihn deshalb eine Klassenkirche, die alles ausschließt, was nicht in ihren Rahmen paßt. Spürbare Auswirkungen kann er nicht feststellen: Die im anglikanischen Religionsunterricht sitzenden Schüler sind in der Regel genauso biestig wie die französischen Schüler, die er erlebt hat. Diese Erfahrungen sind Teil seiner wachsenden Abneigung gegen England und englische Lebensart.
Tom fühlt sich etwas besser, als ein neuer Direktor kommt. Dieser ist neuen Gedanken gegenüber aufgeschlossen. Er drängt Tom, gründlich Fremdsprachen

zu lernen, er ermuntert die Jungen zum Theaterspielen und zum Debattieren. Bei diesen Debatten lassen die jungen Leute, sehr zum Verdruß etlicher Lehrer, Dampf ab. Sie möchten den steifen englischen Sonntag gern belebter sehen, weisen auf die Not der Armen und der Arbeitslosen hin, plädieren für eine gründliche Reform der Public School und sprechen sich für gemischte Klassen (Jungen und Mädchen) aus. Den Jungen fehlt nämlich das frauliche Element besonders. Das gilt auch für Tom. Er beneidet einen Jungen, der auf eine Besucherin einen solchen Eindruck macht, daß sie Tom fragt, ob er nicht ein ruhiges Plätzchen wisse, wo sie mit dem Jungen allein sein könne. Aber Tom wird (noch) von keiner Frau umschwärmt, und Mädchen darf er nicht treffen. Viele Jungen suchen Ersatz in Selbstbefriedigung oder homosexuellen Spielereien. Dieser Versuchung erliegt Tom nicht. Er will nicht Sex, er will Zuneigung. Aber er muß sich mit Fotos von Greta Garbo und anderen Stars begnügen. Er könnte seine Freizeit mit den Boy Scouts, den Pfadfindern, verbringen, aber das gefällt ihm auch nicht. Er hält nichts von Organisationen, die sich halb militärisch präsentieren.

Da bleibt ihm, außer den wenigen echten Freunden und der Lektüre von Abenteuerromanen (*Der Graf von Monte Christo, Die drei Musketiere* u. ä.), kaum mehr, als sich ganz auf sich selbst zu stellen. Er will sich von keiner Autorität behindern und bevormunden lassen. In dieser Haltung wird er durch die Lektüre des englischen Dichters und Illustrators William Blake (1757–1827) bestärkt. Blake war gegen Formalismus, starre Konventionen und jede Form von Unterdrükkung, und er begründete seine Freiheitsliebe mit mysti-

schen Elementen der Heiligen Schrift. Er ist gegen soziale Mißstände. So prangert er beispielsweise an, daß kleine Schornsteinfegerjungen gleichsam als lebendige Besen durch enge Schornsteine kriechen müssen, und er hat Verständnis für die Französische Revolution, obwohl er die Revolutionäre verachtet. So wird man Merton auch nicht mit politischen und sozialen Revolutionären auf der Straße demonstrieren sehen. Der Zusammenstoß von Körpern, Anwendung von Gewalt jeder Art, Kampfrufe schrecken ihn, und so wird er sich später auch dem Kriegsdienst entziehen.
1931 ist Merton in Deutschland. Er macht die klassische Rheinreise, besichtigt Köln, Koblenz, St. Goar. Den größten Teil macht er zu Fuß; er wandert gern, doch ein Zeh bereitet ihm Schmerzen, und so ist die Wanderfreude nicht ungetrübt. In Deutschland ist Wahlkampf. „Wählt Hitler!" steht an Wänden, und Hakenkreuze werden angepinselt. Fanatiker gehen gegen politische Gegner mit Gewalt vor. Aber Merton ist zu der Zeit mehr mit sich selbst beschäftigt. „Was ist Wahrheit? Wo ist sie zu finden?" Er notiert: „Ich glaube an nichts." Er hält sich offen.
Verstärkt wird seine Unsicherheit und seine Orientierungslosigkeit durch den Tod des Vaters, gleichfalls 1931. Owen Merton war ein gutherziger, tapferer Mann. Er hat einen schlimmen Tod. Wie paßt das zusammen? fragt der Sohn.
Dr. Bennett in London wird sein Vormund. Die Bennetts haben ein elegantes Haus. Frau Bennett ist Französin und hat ein französisches Dienstmädchen. Hier kann sich Tom Merton wie ein feiner Herr fühlen. Er liest wie immer sehr viel Verschiedenartiges, auch Psychoanalytisches. Er fragt sich unter anderem: „Bin

ich sexuell verklemmt?" Er unternimmt lange Spaziergänge in London, hört Jazzmusik, schätzt Louis Armstrong, Duke Ellington, King Oliver. Er spielt selbst Klavier, mehr schlecht als recht. Da hält er es doch lieber mit dem Plattenspieler.
Trotz des Luxus fühlt er sich bei den Bennetts nicht richtig wohl. Sie sind zwar für Neues aufgeschlossen. Bei ihnen lernt Merton die Bücher von D. H. Lawrence (*Lady Chatterley's Liebhaber*), Hemingway und A. Gide (*Die Falschmünzer*) kennen, er ist von Louis-Ferdinand Céline beeindruckt. Durch die Bennetts stößt er auch auf kubistische Bilder, und er schaut sich Filme der Marx Brothers an. Doch für die Bennetts bedeutet die fortschrittliche moderne Kunst etwas anderes als für Merton: Sie genießen den prickelnden Reiz des Neuen, aber die Botschaft der Neuerer läßt sie kalt. Merton ärgert diese Einstellung. Für ihn sind die Autoren und Künstler seiner Zeit nicht bloßer Nervenkitzel, sondern Kräfte, die die bestehenden Vorstellungen, beispielsweise über sexuelle Beziehungen, radikal in Frage stellen; sie sollten diskutiert, nicht bloß genossen werden. Hinzu kommt, daß viele der Modernen die Schattenseite der bürgerlichen Wohlstandsgesellschaft beleuchten. Bei nächtlichen Gängen durch London sieht Merton die Kehrseite des gut gepolsterten Establishments: Prostitution, müde und zynisch gewordene Taxifahrer, hinter gardinenlosen Fenstern „Wahnsinnigkeiten". Für Merton gehören die Bennetts zu den Leuten, die auf Kosten anderer leben.
Im Sommer 1931 macht er mit Großvater Pop und Bonnemaman Ferien in Long Island (USA). Auf der Hinfahrt verknallt er sich in eine Kalifornierin, die zweimal so alt ist wie er. Er erzählt ihr von seinen Idea-

len, schwört ihr ewige Liebe. Ob er unbewußt in ihr die Mutter sucht oder einfach nur die Frau? Die Angebetete sagt ihm, er solle erst einmal erwachsen werden. Auf der Rückreise flirtet er mit amerikanischen College-Girls. Er erzählt ihnen, er habe sich dem Kommunismus zugewandt und auch das Kommunistische Manifest von Karl Marx gelesen. Die Mädchen sind davon nicht allzu sehr beeindruckt. Viele Gymnasiasten liebäugeln zu der Zeit mit kommunistischen Ideen, und daß Merton A. Huxley, Dos Passos, Dreiser, Jules Romain und andere zeitgenössische Autoren liest, läßt die Mädchen gleichfalls kalt.

Ostern 1932 – Merton ist inzwischen 17 Jahre alt – macht er wieder eine lange Wanderung durch Westdeutschland. Er kann jetzt etwas Deutsch. Ein Aufenthalt in Bournemouth mit Pop, Bonnemaman und Bruder John Paul verläuft stürmisch. Merton hat nämlich andere Vorstellungen von Ferien als seine Großeltern. Er ist hinter Mädchen her.

Im Herbst 1932 ist er mit seinem Freund Andrew Winser auf der Isle of Wight. Es gärt in ihm. Er malt den Engelsturz an eine Wand, versetzt Börsenmakler und sadistische Schüler in die Hölle und freut sich auf den Zusammenbruch des Hauses, das nach einem Christuswort auf Sand gebaut ist. Winsers 13jährige Schwester Ann macht mit ihrer Ruhe und Sanftheit auf Merton einen großen Eindruck, aber aus der Sache wird nichts, und so tanzt Merton mit anderen Mädchen, darunter einer „B." Auch hier bleibt es beim Flirten. Das alles ist nichts Ungewöhnliches.

Im Dezember 1932 macht er sein Abitur. Er reist allein nach Italien, besucht Genua, Florenz und Rom. Er geht in Kirchen und hat einmal das Gefühl, sein toter

Vater sei ihm erschienen. Er glaubt sich in einem Netz von Sünden verstrickt, aus dem er sich befreien möchte. Er besucht das Trappistenkloster Tre Fontane. Könnte er nicht Trappist werden? Wäre das der Weg? Er kann keinen klaren Gedanken fassen, denn ihn quält eine Beule am Arm, die Zähne machen ihm zu schaffen (er wird sein Leben lang Schwierigkeiten mit seinen Zähnen haben), und sein Vormund, Mr. Bennett, wirft ihm vor, er gehe vielzu sorglos mit dem Geld um.

Mertons Vorstellung von Christus bildet sich im wesentlichen beim Anblick strenger byzantischer Mosaiken. Das ist für ihn bezeichnend: Er findet den Zugang zum Religiösen vor allem über das Ästhetische, das künstlerische Abbild, nicht auf der Straße, nicht im Staub, nicht in klebriger, unbehandelter Realität. Und wenn er zu dieser Zeit Dantes *Göttliche Komödie* liest, interessiert er sich gleichfalls mehr für die künstlerische Form (vor allem: Symbole, besondere sprachliche Note) als für die moralischen Aspekte bei der Einschätzung menschlicher Taten. Er besucht auch Gottesdienste von Quäkern und Mormonen. Doch diese sprechen ihn nicht an. Er hat andererseits Angst, sich in katholischen Kirchen wie die Italiener hinzuknien. Er kommt sich dabei reichlich komisch vor.

1933 ist Merton bei Großvater Pop und Bonnemaman in den USA. Er schaut sich auf der Weltausstellung in Chikago um und verschmäht auch die eine oder andere Peep-Show nicht. In New York lernt er den Maler Reginald Marsh kennen. Mit ihm geht er in Bars, Theater, Varietés. Reginald Marsh liebt die Großstadt, wo sie vulgär und lebendig ist. Er zeichnet und malt die lebenshungrigen Mädchen in der 14. Straße und auf Co-

ney Island, vollbusig, breithüftig und mit losem Haar.
Es ist schwer zu sagen, was Merton an Reginald Marsh mehr anzieht: die Vaterfigur oder der Städter, der Frauen und bohemehaftes Leben liebt.
Merton fällt die Rückkehr in das ungeliebte England schwer. Die Studenten in Cambridge sind steife Mittelklassesöhne, deren Horizont sehr eng ist. Da muß sich der junge Kosmopolit Merton recht verloren vorkommen. England nennt er ein „totes" Land, in Kostümen erstarrt und zum Erbrechen langweilig. Er reagiert seine Frustration ab, indem er sich wie ein Rowdy aufführt. Mit Mädchen steigt er nachts durch College-Fenster, wirft Steine, behindert Autofahrer. Er trifft eine Verkäuferin und schläft mit ihr. Das Mädchen wird schwanger. Der Fall kommt nicht vors Gericht, da Mr. Bennett die Schwangere abfindet. Merton sucht keinen Kontakt zu ihr, hat deshalb Schuldgefühle, die immer stärker werden. Er war nicht nett zu ihr, er wollte nur seinen Spaß. Er glaubt, er müsse dafür sühnen. Mr. Bennett ist erbost, macht Merton heftige Vorwürfe. Die Verkäuferin, die im Gegensatz zu Merton ein einfaches Glück und etwas Zärtlichkeit wollte, ist vermutlich mit dem Kind bei einem deutschen Bombenangriff auf London umgekommen.
Am Ende des ersten Studienjahrs in Cambridge reist Merton nach New York. Mr. Bennett schreibt ihm, es sei besser, er bliebe in den USA. Merton ist froh, nicht mehr in das verhaßte England zurückkehren zu müssen. Sein Haß auf England ist sehr persönlich bedingt und ebenso pauschal wie beispielsweise der Anti-Amerika-Komplex des englischen Romanciers Graham Greene (*Der dritte Mann*).

Im Winter 1935 schreibt sich Merton an der Columbia-Universität in New York ein. Das Schwarzenviertel Harlem ist nicht weit weg. Die Studenten sind nach Mertons Geschmack: keine feinen Söhnchen und Töchterchen aus reichem Haus, mehr Durchschnitt, eher noch darunter.
Wie in Cambridge, so liebäugeln auch hier nicht wenige Studenten mit dem Kommunismus, demonstrieren gegen jeglichen Militarismus. Merton erkennt bald, daß viele Studenten, die sich als Kommunisten ausgeben, Salonbolschewisten sind. Sie diskutieren in weichen Sofas, denken aber im Traum nicht daran, sich aktiv für die Proletarier in aller Welt einzusetzen. Merton ist jetzt häufiger mit seinem Bruder John Paul zusammen. Beide wohnen bei Pop und Bonnemaman. Die Brüder gehen oft zusammen ins Kino, schwärmen für Greta Garbo und hören sich Jazzkonzerte an.
Merton ist in New York sehr aktiv. Er lernt Spanisch, schreibt Artikel für Studentenblätter, geht jobben, übersetzt, dolmetscht, gibt Sprachunterricht und hat trotz allem Zeit für seine Freunde, von denen Bob Giroux, Ed Rice und Bob Lax, ein Jude, ihm am nächsten stehen. Merton hat eine Begabung für Freundschaft. Dies prägt seine Persönlichkeit und sein ganzes Leben.
Sein Bruder John Paul, der auf dem Cornell College studiert, macht dem Bruder Sorgen. Der früher so folgsame, stille Junge ist laut und streitsüchtig geworden. Tom ist deshalb niedergeschlagen. Er fühlt sich schon am Morgen schlecht. Im Herbst 1936 stirbt Pop, im Jahr darauf müssen sie auch Bonnemaman begraben. Damit hat Tom den letzten familiären Halt verloren. Er leidet unter Schwindelanfällen, hat Magenschmerzen und ist am Rand eines Nervenzusammenbruchs. In die-

ser schlimmen Zeit hilft ihm Etienne Gilsons Buch *Der Geist der mittelalterlichen Philosophie*. Hier findet er die Darstellung eines geschlossenen katholischen Weltbilds. Es ist jedoch bezeichnend, daß er vor allem von der Formulierung *aseitas Gottes* beeindruckt ist: Gott ist völlig unabhängig: „Ich bin, der ich bin." Auch Merton möchte nicht auf seine Unabhängigkeit verzichten.
Über seinen Freund Robert Lax lernt Merton eine andere religiöse Vorstellungswelt kennen: den Hinduismus. Zu der Zeit hält sich der Hindu-Mönch Bramarchari in den USA auf. Er sagt, europäische Mönche lebten zu üppig. Merton fragt dagegen: Würden Europäer das spartanische Leben vieler ostasiatischer Mönche aushalten? Und er fragt sich auch, wie das zusammengeht: Bramarchari kritisiert westliches Wohlstandsdenken, lebt aber gern und gut vom Geld der westlichen Wohlstandsbürger. Zu einer tieferen Beschäftigung mit der hinduistischen Religion kommt es nicht, aber Merton wird religiöse Erfahrungen im Fernen Osten fortan im Auge behalten. Nebenbei rät ihm Bramarchari, Augustinus und die *Nachfolge Christi* des Thomas von Kempen zu lesen. Dies kommt Merton entgegen: bei Augustinus der radikale Bruch mit der als sündhaft empfundenen Vergangenheit, in der *Nachfolge Christi* der Rückzug in die stille Kammer, wo der je und je einzelne Christ Gott auf seine ganz persönliche Weise erlebt. Sollte ich nicht katholisch werden? fragt sich Merton damals. Aber was für eine Art von Katholizismus hat er im Sinn? Das feste kirchliche Glaubensgebäude oder einen Freiraum für sein Ich? Beide Vorstellungen sitzen, einer englischen Redeweise zufolge, „ungemütlich" nebeneinander. Und *so* läßt er

sie vorerst beeinander sitzen. Er arbeitet im Rahmen seines Englisch-Studiums an einer wissenschaftlichen Abhandlung: *Natur und Kunst bei William Blake*. Zugleich schreibt er zusammen mit Kommilitonen an einem Roman. Zwischendurch flirten sie mit Mädchen in Long Island.

Die Beschäftigung mit dem Werk des englischen Jesuitenpaters Gerard Manley Hopkins (gestorben 1889) verstärkt in Merton Überlegungen, ob er, Merton, nicht auch das Künstlerische mit dem Religiösen verbinden könnte. Sollte er nicht Mönch und Schriftsteller werden? Sogleich stellt sich ihm dann aber die Frage, die ihn bis zu seinem Lebensende beschäftigen wird: Kann man auf die Dauer Ordensmann und zugleich Schriftsteller sein? Als Schriftsteller muß man voll und ganz Mensch sein, wenn man auf ein breites Publikum wirken will. Wenn er nun aber Mönch wird, wird er dann nicht *weniger* Mensch? Oder wird er dann *mehr* Mensch?

Fragen über Fragen. Diese werden noch verstärkt durch intensive Lektüre der verschiedenartigsten Autoren, beispielsweise James Joyce und Kardinal Henry Newman, der vom Anglikanismus zum Katholizismus konvertiert war. Merton sucht einen Ausweg aus der wachsenden Unsicherheit, einen Halt. Er braucht einen Ersatz für Vater und Mutter.

Bezeichnend für die Turbulenzen des 23jährigen Merton ist die Tatsache, daß er zu dieser Zeit Psychoanalyse und soziologische Erklärungsmuster für wenig hilfreich hält. Dabei sind es doch gerade tiefenpsychologische Gründe, die ihn nach Fixpunkten suchen lassen, welche ihm Vater, Mutter und Heimat ersetzen sollen.

Er besucht häufiger katholische Meßfeiern. Eines Abends geht er zu einem katholischen Priester namens Ford und erklärt, er wolle in die Gemeinschaft der katholischen Kirche aufgenommen werden. Pastor Ford sagt ihm, er müsse sich zunächst in den Glaubenssätzen der katholischen Kirche unterweisen lassen. Merton läßt sich willig unterweisen und nimmt den Umriß der Glaubenssätze in sich auf: Der Mensch ist mit der Erbsünde belastet, aber er kann gerettet werden, am Ende seines Lebens muß er vor Gottes Richterstuhl erscheinen.
In dieses feste Gehäuse kann der Nihilismus nicht eindringen. Hier ist man, so glaubt Merton, geborgen. Hier ist Heimat. Am 16. November 1938 wird er getauft. Er denkt sogleich schon weiter: Sollte er nicht katholischer Priester werden?
Mertons Konversion ist kein Einzelfall. Sein Freund Robert Lax konvertiert auch, andere Freunde spielen mit dem Gedanken an eine Konversion, und berühmte literarische Zeitgenossen aus dem englischsprachigen Raum, wie T. S. Eliot, Evelyn Waugh und Graham Greene, sind gleichfalls zum katholischen Glauben übergetreten. Dies ändert nichts daran, daß die Konversion für Merton ein folgenreicher Einschnitt ist.

Der Schriftsteller im Kloster

Nach dieser religiösen Anstrengung kommt eine Zeit der Lauheit. Merton interessiert sich wieder für Mädchen und für grobe Späße. Er macht sein M. A.-Examen. Nach Ferien auf den Bermudas beginnt er seine Dissertation über Gerard Manley Hopkins, den Dichter-Mönch. Er bezieht ein Apartment im Künstlerviertel Greenwich Village in New York. Er hat ein eigenes Telefon, was zu dieser Zeit für einen Studenten sehr ungewöhnlich war. Er schreibt erste Gedichte, ferner Artikel für die *New York Times*.

Er zieht Bilanz: ‚Was hat mir die Konversion gebracht?' Er ist weiter unsicher, nervös, während beispielsweise sein Freund Lax und andere heiter und gelassen sind. Wie fast immer in solchen Phasen stürzt er sich in die Lektüre von Büchern, von denen er sich eine Klärung seiner eigenen Gedanken erwartet. Er liest Johannes vom Kreuz, dessen Radikalität und Kühnheit er aber nicht nachvollziehen kann. Es bleibt ein unbestimmter Eindruck von Mystik, aber auch ein Fingerzeig auf ostasiatische Spiritualität. Merton schreibt mit Freundinnen und Freunden Romane, literarische Fingerübungen, die für eine Veröffentlichung denkbar ungeeignet sind. Man verbringt die Ferien gemeinsam in einem Holzhaus auf dem Land, hört Jazzplatten und albert nach Herzenslust herum. Merton liest so weit auseinanderliegende Werke wie die *Bekenntnisse* des Augustinus und Teile der *Summe der Theologie* von Thomas von Aquin. Er besucht Franziskanermönche. Sollte er Franziskaner werden?

Als im September 1939 in Europa der Zweite Weltkrieg beginnt, verdichtet sich bei Merton die Absicht, in einen Orden einzutreten. Er informiert sich über die verschiedenen Ordensgemeinschaften, gibt das Rauchen, das Trinken und das Flirten auf. Wäre der Trappistenorden nicht das Richtige für ihn? Doch er findet, das Leben der Trappisten ist „zu hart", und fragt bei den Franziskanern an, ob sie ihn nicht sofort aufnehmen wollen. Die Franziskaner raten ihm, sich das noch einmal gründlich zu überlegen. Er liest in den *Geistlichen Übungen* des Ignatius von Loyola, um Klarheit zu gewinnen. Er beginnt, ein Tagebuch zu schreiben, bändelt wieder mit Mädchen an, liest intensiv: erneut Dante und Joyce, ferner Dylan Thomas (*Unter dem Milchwald*), Blaise Pascal, Lorca (*Bernarda Albas Haus*), Rilke, Thomas Mann (an dessen *Zauberberg* stört ihn die „schwerfällige deutsche Geistreichelei"), Bloy, Kierkegaard, Aldous Huxley, Graham Greene, über dessen *Brighton Rock* er sagt, hier verberge sich hinter der Keuschheit nichts als Sterilität. Dazwischen arbeitet er an eigenen Romanen, z. B. *Das Labyrinth* und *Der Mann im Feigenbaum*, aber kein Verleger will sie drucken.

Bei aller Beschäftigung mit der eigenen Psyche und der Suche nach einem angemessenen Beruf zeigt sich bei Merton aber auch ein ausgeprägtes Interesse an dem, was in der Öffentlichkeit vorgeht. Er macht sich seine eigenen Gedanken zu Ereignissen und Auseinandersetzungen und kommt dabei öfters zu Schlüssen, die dem Durchschnittsbürger „weit hergeholt" oder „querköpfig" erscheinen:

Da wurde beispielsweise ein von Bibern erbauter Damm zerstört. Ein Richter entscheidet, die Biber

müßten entschädigt werden. Merton findet das im Interesse der Tiere richtig, fragt dann aber weiter: Ist das nicht ein Scherz angesichts der Mißachtung der Menschenrechte in Hartford und anderswo in der Welt? Er schlägt vor, man solle mit den Bibern nicht nach Rechtsgrundsätzen, sondern nach dem Gebot der Liebe verfahren. (Was bedeutet das in der Praxis?)
Oder: Merton ist grundsätzlich für die Gleichberechtigung der Schwarzen in den USA, kann aber nicht begreifen, daß Schwarze Richard Wrights Roman *Native Son*, die naturalistische Studie des tragischen Lebens eines Schwarzen in den Slums von Chikago, bejubeln. (Warum sollten Schwarze, fragt der Leser, sich nicht darüber freuen, daß einem schwarzen Autor ein großer literarischer Wurf gelungen ist?)
Argumente überlagern sich, kommen sich gegenseitig in die Quere. Mertons Geist ist in ständiger, quirliger Bewegung. Er äußert Gedanken, die zu jener Zeit (1940) Anstoß erregen: Jungfräulichkeit steht höher als Fruchtbarkeit. Geburtenkontrolle ist sinnvoll. Erdölinteressen verursachen Kriege. Es wird zu wenig gebetet. Die Alliierten sind enttäuscht, daß Gott nicht Adolf Hitler zertritt wie einen Wurm. Was haben sie für ein Gottesbild? Dann fragt Merton speziell die USA. Sind die Amerikaner nicht mehr an Geschäften als an der Beseitigung Hitlers interessiert? Ist es nicht ein Skandal, daß schwarzen Kindern der Zugang zu kirchlichen Schulen verwehrt wird? Wo es Öltanks, Fabriken, Eisenbahnen, Fortschritt und häusliches Behagen gibt, da stellen sich automatisch Bomber ein. Müßte man daher nicht arm werden und verzichten, jede Liebe zum Eigentum radikal ausrotten? Aber: Wenn einer einem etwas fortnehmen will, dann muß

man sich wehren. Ob die USA nun in den Zweiten Weltkrieg eintreten oder nicht – unsere Demokratie und Kultur wird sich grundlegend ändern, aber, so sagt Merton, unsere Politiker haben keine Vorstellung von der Zukunft.

Das sind zunächst kritische „Schnellschüsse" aus dem „Parkett" aber, sie lassen erwarten, daß Merton sich in näherer Zukunft aktiv in öffentliche Angelegenheiten einmischen wird.

Im Frühjahr 1940 ist Merton in Kuba. Ihm kommt das fröhliche, ungezwungene Temperament der Kubaner entgegen. Dieses „spanische" Element, wie er es nennt, steht für ihn in wohltuendem Gegensatz zu den „vertrackten Selbsttäuschungsmanövern der Teutonen, Angelsachsen und Kelten". Merton hat ein feines Gespür für den Charme fremder Kulturen. In den großen, kühlen Kirchen Kubas sucht er vor allem nach Marienstatuen und damit nach einer Mutter, und die Mutterliebe der Kubanerinnen scheint ihm besonders ausgeprägt. Dafür nimmt er die Grausamkeit vieler Kubaner vor allem Tieren gegenüber in Kauf, und auch grobschlächtige Plakate, wie er sie in Deutschland und Italien gesehen hat, tun seiner Begeisterung für Kuba und die Kubaner keinen Abbruch. Das „katholische Milieu" Kubas bestärkt ihn in der Absicht, in den Franziskanerorden einzutreten.

Im Mai 1940 ist er in New York zurück. Er geht sofort zu den Franziskanern, putzt Fußböden, arbeitet im Garten. Die Franziskaner können mit ihm nicht viel anfangen, raten zu ruhiger Überlegung. Merton dagegen drängt auf eine schnelle Entscheidung; er will ihnen sein Leben erzählen, reinen Tisch machen. Die Franziskaner finden diese angestrengte Weltflucht

nicht so vielversprechend, wie Merton selbst glaubt. Schließlich merkt er, daß er ein halbes Jahr wie in einem Rausch gelebt hat, der nun mit einem Mal verfliegt. Da waren etliche unechte Töne in seiner Begeisterung für das Klosterleben. Er fragt sich: Hat er vielleicht zu früh nach einem „Haus" und einer (geistlichen) „Familie" gesucht? Ist er auf dem besten Weg, eine Bindung einzugehen, die ihn fixieren, festhalten und damit an weiteren möglichen Entwicklungen hindern könnte? Genau das will er nicht, schon gar nicht im Religiösen. Im Mai 1940 macht er sich über diesen Punkt Gedanken: Auf die Frage, was er glaube, dürfe der Katholik keine griffige Kurzantwort zur Hand haben. Das, so sagt Merton, ist gerade die Stärke des Katholizismus, daß er den Gläubigen und den Nichtgläubigen nicht mit kernigen, knappen Formeln kommt. (Diesen Fehler, nämlich griffige, starre Formeln auszugeben, machen nach Mertons Ansicht die Marxisten.) Unter Katholiken sind widersprüchliche Aussagen in Glaubensangelegenheiten möglich, denn feste Aussagen über Gott kann niemand machen. Es gehört seiner Meinung nach zu den Vorteilen und zum Ruhm des Katholiken, daß er manchmal sagen kann: „Das weiß ich nicht."
Zu diesen Überlegungen paßt der spanische Begriff „fluencia", der anscheinend Ende 1939 zum erstenmal bei Merton auftaucht. „Fluencia" heißt Fluß, Fließen, in Bewegung sein und in Bewegung bleiben. In Museen kommt Merton zum Bewußtsein, daß Bilder den bewegten Augenblick festhalten, gleichsam einfrieren und damit seiner Lebendigkeit berauben. Er möchte sich dagegen nicht einfrieren und damit lähmen lassen. Er will sich offen halten „für den Augenblick".
Eine solche Einstellung ist vor allem Ausdruck einer

enormen Vitalität und Arbeitskraft, die Merton bis zum Ende erhalten bleibt. Damit verbunden ist eine nie erlahmende Entdeckerfreude, und da ist dann schließlich die Mentalität des Kosmopoliten, der viel herumgekommen ist und den die Vielartigkeit der Menschen und Kulturen nicht verschreckt, sondern fasziniert und zu immer neuen Begegnungen stimuliert. Für viele Neider und Stubenhocker ist er dagegen ein prinzipienloser Wirrkopf, der nicht berechenbar ist und der nichts im Kopf hat, als Unruhe zu stiften und zu widersprechen. Sie kommen sich klein vor neben diesem Bündel von geballter Energie. Aus diesem Grund ist Merton bei zu treffenden weitreichenden Entscheidungen auf sich allein gestellt. Rückblickend sagt er über diese Phase, wieder einmal habe er allein vor einem hohen Berg gestanden, der Aufstieg sei lang und gefahrenreich gewesen.

Gleichsam im Wartestand, unterrichtet er an einer Franziskanerschule Englisch. Dabei stellt er sich auf die Mentalität der jungen Leute ein. Hier zwei Klassenarbeitsthemen: „Mein liebster Filmstar". „Ist es möglich, ohne Geld glücklich zu sein?" Er sitzt viel in der Bibliothek, liest, arbeitet intensiv und verzichtet auf seine geliebten Kinobesuche. Er überlegt, ob er nicht dem Dritten Orden der Franziskaner angehören sollte. Er bräuchte dazu einen weltlichen Beruf, lebte aber in franziskanischem Geist mitten in der Welt. Doch welchen weltlichen Beruf könnte er ergreifen?

Dann beginnt das Jahr 1941, von dem er im Rückblick sagen wird, es sei das entscheidende Jahr in seinem Leben gewesen. Er hat sich entschlossen, Trappist zu werden. In der Karwoche verschafft er sich in Gethsemani in Kentucky einen Eindruck vom Klosterleben der

Trappisten. Verstärkt wird sein Wunsch, endgültig ins Kloster zu gehen, durch seine schriftstellerischen Mißerfolge. Die Verlage wollen seine Manuskripte nicht drucken. Eine Ausnahme ist *The Journal of My Escape from the Nazis* (Das Tagebuch meiner Flucht aus den Händen der Nazis), das 1969 unter dem Titel *My Argument with the Gestapo* (Meine Auseinandersetzung mit der Gestapo) bei Doubleday neu erschienen ist. Es handelt sich dabei nicht um wirkliche Erfahrungen Mertons mit Nazis, Briten und amerikanischen Sicherheitsbeamten. Dennoch enthält das Buch persönliche Elemente. Der junge Mann wird verhört, ausgequetscht, fühlt sich umstellt, isoliert, einsam. Er hat keine Heimat, keine Identität.

Merton ist nicht frei von Vorurteilen: Er mag die Briten nicht, übersieht aber, daß sie Hitler und seiner Gestapo die Zähne zeigen. Aber Mertons Groll gegen Mr. Bennett sitzt tief, und so spielt dieser in dem erfundenen Tagebuch (unter anderem Namen) keine rühmliche Rolle.

In den USA zieht man junge Leute für den Krieg gegen die Faschisten in Europa ein. Merton weigert sich, ein Gewehr in die Hand zu nehmen. Notfalls will er als Sanitäter helfen. Bei der Musterung sagt der untersuchende Mediziner: „O, gehen Sie nach Hause! Sie haben nicht genug Zähne." Beim Trampen hatte er sich beim Beißen eines harten Riegels ein Stück Zahn abgebrochen. Genüßlich dichtet er: „So I broke my tooth / On a bar of Baby-Ruth" (So brach ich mir einen Zahn auf einem Riegel Baby-Ruth).

Er hat also wieder Zeit, über seine nähere Zukunft nachzudenken. Sollte er nicht besser Kartäuser werden? Die sind strenger als die Trappisten. Aber dazu

müßte er nach Frankreich gehen. Das ist wegen des Krieges jedoch unmöglich. Er wendet sich wieder den Trappisten zu. Die weißen Gewänder, die schönen Gottesdienste und die feierlichen Gesänge gefallen ihm, und in den Statuen der Himmelskönigin sieht er die Frau und Mutter, die er so nötig hat.
Doch da bietet sich plötzlich eine andere Perspektive an. Eine Baronesse de Huek, die während der russischen Oktoberrevolution in den Westen geflohen ist, kümmert sich um benachteiligte Schwarze in Harlem. In ihrem „Friendship House" sammelt sie Kleidung und Schuhe und gibt sie an bedürftige Schwarze ab. Sie betreut mit ihren Helferinnen und Helfern auch schwarze Kinder. Merton interessiert sich für die Arbeit der Baronesse, er möchte einen Teil der Schuld mit abtragen, die das weiße Establishment durch die Vernachlässigung und Ausnutzung der Schwarzen auf sich geladen hat. Praktisch wirken ist wichtiger als Bücher und Artikel schreiben, sagt er sich, und bietet seine Hilfe an. Er denkt weiter darüber nach, wie man das Elend in Harlem und anderswo am besten an der Wurzel packen könnte. Almosen austeilen, Trostpflästerchen anbieten? Oder müßten sich die Katholiken politisch organisieren und versuchen, eine grundsätzliche Veränderung der Strukturen herbeizuführen? Doch sogleich kommen ihm Bedenken: Ein Blick auf Europa zeige allerdings, so sagt er, daß ein politischer Katholizismus eine schlechte Sache ist. Franco beispielsweise glaube, er habe 1936–1939 einen „gerechten, von Gott abgesegneten Krieg" gegen die „Mächte der Hölle" geführt, und Franco sei in Wirklichkeit ein Schlächter und ein Feind der Freiheit. Andere katholische Parteien und Wortführer in Europa hätten sich gleichfalls nicht

als Anwälte von Frieden und sozialer Gerechtigkeit erwiesen. Also bleibt die Hilfe in der Suppenküche und der Kleiderstube, und Merton gibt der Baronesse von seinem Geld. Doch die harte Wirklichkeit des „Friendship House“, die Gerüche, der Schmutz, das Ungeziefer, gehen Merton sehr schnell auf die Nerven. Er vermißt das Schöne, und ihm fehlt die Ruhe zum Schreiben. Genauso wie den Franziskanern beichtet er in einer Art Bekennerzwang, daß er in Cambridge eine Verkäuferin geschwängert und sich nicht mehr um Mutter und Kind gekümmert hat. Will er sich damit von der Arbeit im „Friendship House“ absetzen? Sein Lieblingsprofessor an der Columbia-Universität meint, er ginge besser zu den Trappisten. Merton erklärt der Baronesse, er könne nur dann im „Friendship House“ weiterarbeiten, wenn er dabei auch zum Schreiben komme. Die Baronesse läßt sich darauf nicht ein. Sie sagt: „Vorbedingungen gibt es nicht!“ Merton möchte überdies im „Friendship House“ nicht mit einem Haufen Mädchen zusammenarbeiten. Er hat nichts gegen die Mädchen, wie er erklärt, aber die Arbeit mit ihnen ist ihm zu banal. Da ist es bei den Trappisten doch sicher interessanter, und dort hat er, wie er meint, auch Muße zum Schreiben.

Wie es Mertons Art ist, fragt er tiefer: Wozu bin ich berufen? Wer bin ich überhaupt? Seine Antwort: Kein Mensch kennt sich selber, nur Gott kennt uns. Das ist ein beunruhigender Gedanke, denn was ist, so fragt er, wenn wir erst in der Stunde des Gerichts unser wahres Selbst erkennen? Wieviel an Möglichkeiten haben wir bis dahin vielleicht vertan und weggeworfen? Und wieder die entscheidende Frage: Wie kann sich einer für oder gegen etwas entscheiden, wenn er sich selbst nicht kennt? Ob da Beten, Betrachtung und Fasten Klarheit bringen?

Das Leben der Schwarzen in Harlem sieht er trotz gegenteiliger Beteuerungen mehr als Material für einen Schriftsteller. So wie Joyce um die Jahrhundertwende literarische Momentaufnahmen sammelt, um aus ihnen Geschichten zu machen, genauso hält Merton Augenblickseindrücke fest. Hier ein Beispiel: Ein paar zerlumpte schwarze Jungen laufen durch den dunklen „Kaninchenbau" ihres Wohnblocks. Eine Mutter ruft einem der Jungen nach, er solle nicht aufs Dach steigen, um seinen Drachen steigen zu lassen. „Der Wind könnte dich fortwehen!" ruft die Frau. – Das ist mehr Poesie als kritische Sozialreportage.

Noch eine Momentaufnahme: Merton beobachtet in einer Gemäldeausstellung einen 18jährigen, der vor etlichen Bildern sagt: „Die Hände sind gut."

Soll er ins Kloster gehen? Er liest Bücher über Thérèse von Lisieux, die ganz jung in ein Kloster der Karmelitinnen eingetreten und eine „Superheilige" geworden ist. Hat sie alle Brücken zu ihrem bürgerlichen Leben abgebrochen? Merton stellt aufatmend fest: Das hat sie nicht getan. Sie hat im Kloster geschrieben, ihre Lebensgeschichte und zuckersüße Gedichte. Sie hat ihren bürgerlichen Geschmack an kitschigen Gegenständen mit ins Kloster genommen: Sie freute sich an süßlichen Bildchen von Lämmchen und Engelchen. Also, sagt sich Merton, könnte auch ich im Kloster weiter schreiben.

Da kommt von draußen eine Entscheidungshilfe. Anfang Dezember 1941 haben die Japaner die Flotte der USA in Pearl Harbour überfallen. Die USA erklären Hitler, Mussolini und deren japanischen Verbündeten den Krieg. Man braucht Soldaten. Merton bekommt von der Musterungsbehörde den Bescheid, er solle noch einmal vorsprechen, vielleicht habe man für ihn doch noch irgendeine Verwendung. Merton entzieht sich dem Militärdienst, indem er der Musterungsbehörde mitteilt, er gehe in das Trappistenkloster Gethsemani. Er wolle dort erproben, ob er zum Ordensmann tauge. So als wolle er zu einem sicheren Ort fliehen, stopft er ein paar Sachen in einen Koffer und fährt los.

Was erwartet ihn im Trappistenkloster? Die Trappisten sind Zisterzienser der sogenannten strengen Observanz. Grundlage ihres Ordenslebens ist die Regel des heiligen Benedikt. Armand Jean le Bouthillier, der 1664 Abt von La Trappe in Frankreich wird, nachdem er als junger Mann ein ausschweifendes Leben geführt hat, verschärft die Ordensregel. Trotzdem (oder gerade deshalb) kommen 300 junge Männer, um in La Trappe einzutreten. Dieselbe Erfahrung macht der Novizenmeister Dom Augustine de Lestrange, als er sich um 1790 mit 20 Mönchen in Valsainte in Fribourg (Schweiz) niederläßt und die Ordensregeln noch weiter verschärft. Es kommen so viele Bewerber, daß innerhalb von zwei Jahren mehrere Neugründungen bis hin nach Kanada nötig sind. Vor allem junge Leute, die – aus den verschiedensten Gründen – unsicher sind und Orientierung suchen, erhoffen sich bei den Trappisten (und anderen strengen Orden) Wegzeichen und Haltepunkte.

Bete und arbeite! hatte der heilige Benedikt gefordert. So ist auch der Tagesablauf der Trappisten von Gebet und Arbeit bestimmt. Um 2.00 Uhr morgens stehen sie auf und beten, meditieren und lesen bis 5.30 Uhr. Dazwischen werden Messen gelesen. Um 7.45 Uhr folgt wieder eine Messe, um 11.00 Uhr steht die gründliche Gewissenserforschung an. Um 16.30 Uhr ist Vesper, daran schließt sich ein stilles Gebet. Um 18.10 Uhr wird die Komplet gefeiert, und man singt feststehende Marienlieder. Etwa um 18.30 Uhr wird zu Abend gegessen, die Bettruhe beginnt um 19.00 Uhr. Dazwischen wird gearbeitet: auf den Feldern und Wiesen oder im Haus. Es bleibt sehr wenig Zeit für persönliche Betätigungen. Ausgang über das Klostergebiet hinaus ist nur mit besonderer Erlaubnis gestattet. Im Kloster und im umliegenden Klosterbezirk herrscht Schweigen. Die Mönche verständigen sich untereinander mit Handzeichen und Mimik. Gesprochen wird nur, wenn dies unumgänglich ist. Sie schlafen in kaum möblierten Zellen auf Strohmatratzen. An der Wand ein Kreuz, ein kleines Weihwasserbecken und ein paar Kleiderhaken. Das Essen ist weder schmackhaft noch kräftigend: Fleisch, Eier und Käse gibt es nur für Kranke. Die schwere Kleidung wird auch bei glühender Hitze (und im Bett) nicht abgelegt. Die Bedingungen, unter denen die Trappisten leben, variieren leicht von Land zu Land und auch von Kloster zu Kloster, doch ihr Leben ist im ganzen streng und entbehrungsreich, wenn man es vom Standpunkt des Normalbürgers betrachtet.

Aber wie es seine Art ist, geht Merton mit Eifer und entschlossen in seine neue Umgebung. Es ist sehr kalt, als er in Gethsemani ankommt, und man macht nicht viel Aufhebens von dem neuen Mann. Er sagt offen, daß er eine Verkäuferin in eine schwierige Situation gebracht hat, und er erwartet bohrende Fragen und eine Art Gericht. Doch nichts dergleichen geschieht. In Gethsemani ist man an Leute gewöhnt, die Turbulenzen hatten (und haben), und Konversionen zum Katholizismus sind in der Kriegs- und Nachkriegszeit nicht selten. Merton gibt Füllhalter, Uhr und Geld ab und verpflichtet sich schriftlich, Handarbeit ohne Entlohnung zu leisten.

Er erholt sich beim Anblick der Bäume, Wiesen und Felder um das Kloster herum, und mit seinem ausgeprägten Sinn für ästhetische Wirkungen genießt er die ruhige Architektur der Klostergebäude, die Struktur des Tagesablaufs und die Schönheit des Gregorianischen Gesangs. Da er nicht sprechen darf, drückt er seinen Humor durch Zeichensprache aus. Er bereichert die vielen hundert Zeichen um einige spaßige Varianten. Wenn er beispielsweise „Engländer" sagen will, stupst er die Nase mit dem Zeigefinger hoch. Er will damit sagen, daß die Engländer (grundlos) eingebildet sind. Mertons einzige Verbindung zur Außenwelt ist in dieser Zeit die Sorge um seinen Bruder John Paul, der Pilot in der kanadischen Luftwaffe geworden ist. Er fühlt sich für seinen jüngeren Bruder bis zu dessen frühem Tod verantwortlich.

Natürlich hat Merton seine Lust am Schreiben und Lesen in das Kloster mitgebracht. In der knappen Zeit, die ihm bleibt, schreibt er einige Gedichte und hält Beobachtungen, die er draußen gemacht hat, in einem Notizbuch fest. Freunde wie Mark van Doren, Bob Lax und sein Bruder John Paul schreiben ihm. Er liest Texte von Mystikern, beispielsweise von Johannes vom Kreuz, und Abhandlungen über Mystik. Die schwere Feldarbeit, vor allem in der Sommerhitze, kostet viel Kraft und macht das Durchdenken von Problemen manchmal schwer.

Die Mönche müssen täglich, außer an Sonn- und Feiertagen, öffentlich ihre Sünden und Verstöße bekennen. Die Vergehen werden mit milden, aber demütigenden Strafen geahndet. Wer sich etwas vorzuwerfen hat, muß aus einem Buch vorlesen, während die anderen essen, oder er muß sich vor die Tür des Speisesaals legen, so daß die anderen Mönche über ihn hinwegtreten müssen. Gelegentlich wird ein „Sünder" mit einer kleinen Peitsche geschlagen, und alle sehen zu.

Da all dies ritualisiert ist, bleibt es erträglich. Merton jedenfalls leidet nicht darunter. Er malt, zeichnet, dichtet: ein Zeichen dafür, daß ihm das strenge Klosterleben vorerst nicht schlecht bekommt. Früher hat er sich mit Freunden und mit Mädchen amüsiert, Zerstreuung gesucht. Hier, in Gethsemani, richtet er sein Interesse auf Dinge, für die er bisher zwar empfänglich war, für die er sich aber selten Zeit genug genommen hat: Er entdeckt beispielsweise die Schönheit eines alten Wurzelstocks oder eines Spinnennetzes in der Morgendämmerung. Ein Holzrechen, der an einer weißgetünchten Wand hängt, überrascht ihn mit seiner kargen, funktionalen Form. Eine Schublade mit halb verrosteten Nägeln hat für ihn ein stilles Eigenleben. Bei der Betrachtung dieser unauffälligen Gegenstände wird er ruhig. Es gelingt ihm immer mehr, die Gedanken von Frauen, Zeitfragen und akademischen Scheinproblemen weg und auf die „Heiligkeit" schmuckloser Still-Leben zu lenken, hinter denen dann in glücklichen Augenblicken etwas von der letzten und tiefsten Realität aufscheint: Gott.

Er empfindet die Rituale im Kloster bis hin zu der Vorschrift, wie man Trinkgefäße zu halten und zum Mund zu führen hat, nicht als Einengung, sondern als Markierungspfosten, an denen er sich nach einem ruhelosen Hin und Her nur zu gerne festhält und ausruht. Da vieles festgelegt ist, kann er die verbliebene Freiheit besser nutzen. Weil er sich über vieles keine Gedanken zu machen braucht, hat er Zeit und Kraft für Aktivitäten, die eine positive Tiefenwirkung haben. Zum ersten Mal in seinem Leben erfährt er die Vorteile eines geregelten Lebens, und er ist zum ersten Mal seit seiner frühen Kindheit in einer *casa*, einem richtigen Haus. Er hat jetzt eine Bleibe, muß nicht laufend umziehen, kann endlich Wurzeln schlagen. Wenn ihm trotzdem in Gethsemani das eine oder andere nicht gefällt, so sieht er dies als Buße für seinen Fehltritt in Cambridge an, denn die Verkäuferin und das Kind hat er noch nicht vergessen.

Der Abt von Gethsemani, Dom Frederic Dunne, ein alter, aber noch sehr rüstiger, entschlußfreudiger Mann, der seit 1935 dem Kloster vorsteht, hat wenig Zeit, sich besonders mit dem Novizen Merton zu beschäftigen, denn immer mehr junge Männer wählen das Klosterleben. Es fehlt an Platz, und so läßt der Abt bauen, um alle unterbringen zu können, und da man einmal beim Bauen ist, könnte man auch eine Heizung installieren, die in Kentucky bitternötig ist. Abt Dom Frederic Dunne ist allerdings der Meinung, üppiges Essen sei nicht nötig, und mehr als einmal denkt Merton an die reich gedeckten Tische in französischen Häusern zurück.

Währenddessen geht der Krieg in Europa und im Pazifikraum weiter. Davon dringt nur wenig durch die Mauern von Gethsemani. Im übrigen sind Europa und Japan sehr weit weg. Berührt vom Krieg sind zunächst nur die Angehörigen der Soldaten, die in den Kampf geschickt werden. Darunter ist auch John Paul, Mertons jüngerer Bruder. Als Merton schon einige Zeit in

Gethsemani ist, besucht ihn John Paul. Merton empfindet Freude, aber auch Scham und Sorge. Freude, weil John Paul der letzte der Familie ist. Scham, weil er das Gefühl hat, John Paul gegenüber nicht nett gewesen zu sein und ihn vernachlässigt zu haben. Schließlich Sorge, daß John Paul beim Fliegereinsatz in Europa etwas zustoßen könnte. John Paul ist gutmütig, still, liebenswürdig, weich. Ihm könnte leichter als anderen etwas passieren. Beim Abschied fühlen beide Wehmut.
Im April 1943 kommt die Nachricht, daß John Paul als Bomberpilot bei einem Luftangriff auf Mannheim umgekommen ist. Merton hat das Gefühl, daß ihm ein letztes Stück festen, verläßlichen Bodens unter den Füßen fortgezogen worden ist. Jetzt steht er ganz allein. Alle die Seile, an denen er sich fortan festhalten muß: Gott, Kunst, Ideen, Natur, sind nicht so konkret und nah wie ein Familienmitglied. Merton versucht mit dem Schmerz fertig zu werden, indem er eine Elegie, ein Trauergedicht auf seinen Bruder John Paul schreibt. Er verwendet darin Einzelheiten dessen, was über den Tod John Pauls bekannt geworden ist: Am 16. April 1943 fliegt er in einem Geschwader, das Mannheim bombardieren soll. Auf dem Hin- oder Rückflug – das weiß man nicht genau – stürzt John Pauls Bomber in die Nordsee. John Paul ist schwer verletzt, kann sich aber über Wasser halten. Er hält, so gut er kann, auch den Piloten über Wasser. Er weiß nicht, daß dieser bereits tot ist. John Paul wird von Fliegern in einem Schlauchboot aus dem Wasser gezogen. Er ist am Halswirbel verletzt. Er liegt einige Stunden im Delirium, dann stirbt er. Es dauert noch fünf Tage, bis die Männer im Schlauchboot gerettet werden. Am Tag zuvor haben sie John Paul im Meer versenkt.

Mertons Elegie auf den gefallenen Bruder hat keinen Titel. Wie wichtig sie ihm war, kann man daraus ersehen, daß er sie am Ende seiner Autobiographie vor das Schlußwort setzt:

> Süßer Bruder, wenn ich nicht schlafe,
> sind meine Augen Blumen auf dein Grab,
> und wenn ich mein Brot nicht essen kann,
> soll mein Fasten wie Weiden leben, wo du gestorben bist.
> Wenn ich in der Hitze kein Wasser finde für meinen Durst,
> soll mein Durst zur Quelle für dich werden, armer Wanderer.
>
> Wo, in welchem wüsten, rauchgeschwärzten Land
> liegt dein armer Leib, tot und verloren?
> In welchem unglückseligen Landstrich
> hat dein unglücklicher Geist den Weg verloren?
>
> Komm, ruh in meiner Mühe aus,
> leg deinen Kopf auf meinen Kummer,
> nimm mein Leben und mein Blut,
> kauf dir dafür ein besseres Bett.
> Nimm meinen Atem, nimm meinen Tod
> und kauf dir eine bessere Ruhestätte.
> Wenn alle Soldaten tot
> und die Fahnen zu Staub zerfallen sind,
> soll dein Kreuz und meines den Menschen sagen:
> Christus ist auf jedem Kreuz gestorben, für uns beide.

Denn in den Trümmern deiner Angst liegt Christus
hingestreckt,
und Christus weint in den Ruinen meines Frühlings.
Das Geld seiner Tränen falle
in deine matte, freundlose Hand.
Es kaufe dich zurück in dein eigenes Land.
Das Schweigen Seiner Tränen falle
wie Glockenklang auf dein fremdländisches Grab.
Hör auf die Glocken und komm: Sie rufen dich nach
Haus.[2]

Hier ist vom fremden Land und vom Zuhause die Rede. Beide Brüder haben die meiste Zeit ihres Lebens in der Fremde und unter Fremden leben müssen, daher beider Sehnsucht nach einem richtigen Zuhause.
Im Dezember 1943 kommt Robert Lax zu Besuch ins Kloster Gethsemani. Er berichtet Merton, daß er zum katholischen Glauben übergetreten ist und daß Bob Gerdy denselben Schritt getan hat. Robert Lax erzählt von Schauspielern und Journalisten, mit denen er und Merton viel ausgegangen sind. Merton gibt Robert Lax Gedichte mit, die er geschrieben hat (darunter die Elegie auf den toten Bruder). 1944 kommen sie unter dem Titel *30 Poems* (Gedichte) heraus.
Am liebsten schreibt Merton in der Morgenfrühe, nach dem Chorgebet. Er beobachtet dann, wie die Sonne aufgeht und ganz allmählich die Dunkelheit verdrängt, und er lauscht den ersten Vogelstimmen. Aber beim Schreiben fragt er sich gelegentlich, ob er nicht ein ge-

[2] Übersetzung vom Verfasser. Dies gilt auch für alle noch folgenden Zitate aus Gedichten und Prosatexten.

teilter Mensch ist. Darf er Gedichte schreiben, wo doch von einem Mönch verlangt wird, daß er sich ganz auf die Bibeltexte und die Liturgie und damit auf die unsichtbare Gegenwart Gottes konzentriert? Heißt das nicht, nach einem Bibelwort, zwei Herren dienen wollen? Und steht nicht ausdrücklich in der Schrift, daß man nicht zwei Herren dienen kann?

Aber er schreibt weiter, kann nicht so recht erklären, warum er das tun muß. Doch gerade Texte, die Mitte der 40er Jahre entstanden sind, zeigen, daß er das Schreiben auch dazu braucht, um innere Spannungen, Ängste und Bedürfnisse zu artikulieren, um auf diese Weise den psychischen Druck zu vermindern. In der letzten Strophe des Gedichts *The Vine* (die Rebe) ist von einem Schrei die Rede, der furchtbarer ist als der des Petrus, der im See zu versinken fürchtet: „Oh, wir sind verlassen und verloren!" Der „grausame Frühling" schneidet tief, und er pflügt „wütend" alles um und um (in: *30 Poems*). Merton kommt sich verlassen vor, und der Frühling, die Zeit der Hoffnung und des neuen Anfangs, ist hier die Zeit der Verletzung, der Bedrohung, der Gefahr.

In *30 Poems* finden sich Anklänge an Dichter, die Merton sehr schätzt. Der „grausame" Frühling („April") ist eine Formulierung T. S. Eliots, das „wilde Pflügen" ist eine Vorstellung, die sich bei W. Blake und G. M. Hopkins findet. Es ist schwer, in diesen poetischen Texten Mertons einen ausgeprägten eigenen Ton herauszuhören.

Während der Feldarbeit, die viel Kraft kostet, hat Merton jedoch immer noch einen Blick für einen seltsam verwachsenen Baum oder für die besondere Färbung einer vorüberziehenden Wolke. Diese Arbeit drückt

ihn auf die Dauer weniger als die langen Gebetsstunden, vor allem das nicht endenwollende gemeinsame Chorgebet. Hier zeigt sich, was die Mutter schon an dem kleinen Tom festgestellt hatte: Er kann nicht lange bei einer Sache bleiben, er braucht Abwechslung, und immer häufiger hat er das Gefühl, ihm fehlten Gespräche der Art, wie er sie früher mit seinen Freundinnen und Freunden auf Parkbänken und in Bars geführt hat. Das von der Klosterregel auferlegte Schweigen erscheint ihm öfters wie eine Wand, die er am liebsten durchbrechen möchte.
Er hat geglaubt, der Eintritt ins Kloster werde seine wesentlichen Triebe und Bedürfnisse automatisch umpolen. Er stellt jedoch fest, daß er sich nicht grundsätzlich verändert hat. Die Lust am Schreiben ist geblieben, aber, so fragt er sich erneut, ist das nicht Betrug an seinem Entschluß, konsequent Trappist zu sein? Einige andere Novizen verstehen diese Skrupel nicht. Sie würden schreiben, sagen sie, wenn sie sich dazu getrieben fühlten. Doch Merton hat sich vorgenommen, „to go the whole hog", d. h. nichts halb zu tun.
Ob es Überarbeitung ist oder ob ihn die Skrupel betreffs seiner eigentlichen Berufung plagen – er wird krank. Einige meinen, es handle sich um die Lunge. Der Abt verfügt, daß man ihm weniger schwere Arbeit gibt. Dafür soll sich Merton darum bemühen, möglichst viele Menschen zu Meditationsübungen zu führen, für die zu der Zeit ein großes Bedürfnis zu bestehen scheint. Natürlich soll Merton dabei zisterziensische Meditationspraktiken in den Mittelpunkt seiner Arbeit stellen. Darüber hinaus wünscht der Abt, daß Merton kleinere Schriften verfaßt oder übersetzt, Andachtsliteratur und Biographien bedeutender Zisterzienser(in-

nen) schreibt. Diese Art von Arbeit gefällt ihm jedoch nicht. Der Schriftenstand in einer amerikanischen Kirche für ein konservatives Kirchenvolk ist nicht das, was er sich als Tribüne und Publikum gedacht hat.
Noch im Jahr 1944 legt er die ersten Gelübde ab. Die neue Kleidung, schwarzes Skapulier mit Ledergürtel und großer weißer Kukulle, soll ausdrücken, daß Merton nun ein neuer Mensch zu werden gedenkt. Er verpflichtet sich ausdrücklich zu Armut und Gehorsam dem Abt gegenüber.
1946 nimmt er eine größere literarische Arbeit in Angriff: seine Autobiographie. Er will darin darstellen, wie er nach einem unruhigen Leben endlich in den sicheren Hafen von Gethsemani eingelaufen ist. Die Vorstellung vom Berg, den der Gottessucher erklettern muß, ist alt und in der christlichen Literatur weit verbreitet. Daß der Berg verschiedene Stufen hat, gibt den literarischen Darstellungen die nötige Struktur: Je weiter der Christ nach oben kommt, desto schwieriger ist der Aufstieg, und jede Stufe ist ein deutlich markierter Lebensabschnitt. Die Anstrengung hat sich gelohnt: Der Sucher hat den Frieden gefunden.
Entsprechend ist der Grundton bei Merton optimistisch und der Stil gelöst, nicht selten humorig. Die Eingangssätze geben den Ton an: „Am letzten Januartag des Jahres 1915, im Zeichen des Wassermanns, in einem Jahr des Großen Krieges und unten im Schatten einiger französischer Berge an der Grenze zu Spanien erblickte ich das Licht der Welt. Frei von Natur, nach dem Ebenbild Gottes, war ich dennoch der Gefangene meiner eigenen Gewalttätigkeit und meiner eigenen Selbstsucht, nach dem Ebenbild der Welt, in die ich hineingeboren wurde. Diese Welt war das Abbild der

Hölle, voll von Menschen wie ich: Ich liebe Gott, und doch hasse ich ihn. Ich bin geboren, um ihn zu lieben. Dennoch lebe ich in Furcht und hoffnungslos widersprüchlich in Begierden gefangen."

Genauso wie Augustinus und Teresa von Avila übertreibt er die eigene Schlechtigkeit in jungen Jahren, damit das glückliche Ende um so heller scheinen kann: Schaut her, ich habe es mit Gottes gnädiger Hilfe trotzdem geschafft!

Natürlich scheinen hier gleich auch höchstpersönliche, zwanghafte Elemente durch, so das Thema der Gefangenschaft, das im 3. Abschnitt des Anfangskapitels (und noch häufiger) wiederkehrt: „Mein Vater und meine Mutter waren Gefangene in dieser Welt. Sie wußten, daß sie nicht in diese Welt paßten und nicht zu ihr gehörten, aber sie waren nicht in der Lage, von dieser Welt wegzukommen. Sie waren in der Welt, aber nicht von der Welt – nicht weil sie Heilige, sondern weil sie Künstler waren. Die Besonderheit des Künstlers hebt einen Menschen über die Welt, aber sie kann ihn nicht aus ihr befreien."

Auch das Kloster gibt ihm, Merton, nicht die nötige Freiheit, künstlerisch zu arbeiten. Er kann die Neigung zu schreiben immer weniger unterdrücken. Während der langen, eintönigen Chorgebete denkt er über geplante Bücher und Zeitschriftenartikel nach. Er macht sich Vorwürfe: Müßte er nicht jeden Gedanken an schriftstellerische Tätigkeit konsequent auslöschen, um ganz frei zu sein für Gebet und Meditation? In dem 1948 veröffentlichten Buch *The Sign of Jonas* (das Zeichen des Jonas) sucht er Antwort auf die noch weiterreichenden Fragen: Ist das Kloster für mich überhaupt der richtige Ort? Sind die Chorgebete und andere Riten des Klosterlebens genaubesehen nicht über weite Strecken fragwürdige, gedankenlose Routine? Ist sinnloses Tun für mich sinnvoll? Ist es nicht paradox, daß im Kloster, das doch der Gegenpol zum Leben draußen sein sollte, alles von Aktivität nur so widerhallt? Wird hier nicht Aktion (gerichtet) mit Aktivität (ziellos) verwechselt? Muß ich in jedem Fall gehorchen? Kann es der Wille Gottes sein, daß ich mich hier verbrauche, indem ich mir jede Minute stehlen muß, um einiges von dem zu machen, wovon ich sagen kann: Das ist ganz von mir, und das macht mir Freude?

Noch kommen diese Fragen eher zaghaft, halblaut, doch sie lassen ihn von jetzt an nicht mehr los. Er schläft schlecht, seine Schreibmaschine geht kaputt, er muß einen Mitbruder bitten, ihm seine zeitweise auszuleihen. Er sieht mit Mißbehagen, wie die Mönche und Brüder auf den Feldern und im Wald mit der Natur wenig sorglich umgehen und kein Auge haben für die verborgene Schönheit eines Vogelnests oder keinen Sinn für die Freude, die der Anblick einer reifen Brombeere bereitet.

Im Jahr 1947 schläft er ausgesprochen schlecht. Er fragt sich wieder einmal, ob er nicht besser in ein Kartäuserkloster eingetreten wäre. Er hat gehört, dort müsse man nicht so hart arbeiten, und jeder Mönch habe mehr Zeit für sich. Der Abt von Gethsemani sagt, das sei eine Versuchung, wie sie Mönchen immer wieder kämen. Merton läßt sich zum Bleiben überreden und bereitet sich auf die sogenannten Ewigen Gelübde vor. 1948 ist es dann soweit. Er bindet sich für immer. Doch das bedeutet für ihn nicht restloses Aufgehen in der mönchischen Gemeinschaft und in der fraglosen Übereinkunft aller in allen Glaubensfragen.

Dies zeigt sich deutlich an dem Buch *Seeds of Contemplation* (Samen der Kontemplation), an dem er zu der Zeit schreibt. Darin betont er, daß jemand Gott in dem Maß ähnlicher werde, in dem er sein unverwechselbares, unwiederholbares eigenes Ich artikuliere. Heiligkeit bedeutet: sich selbst finden und ausfalten. Wer nicht er selber wird, hat nicht gelebt.
Doch wie findet man sich selber? In diesem Punkt ist Merton Ende 1947, Anfang 1948 besonders unsicher. Einerseits sagt er, man dürfe nicht aus der Welt fliehen, denn schließlich erfährt man nur in der Begegnung mit anderen Menschen, wer man selber ist. Andererseits verurteilt er heftig all die Mittel und Rituale, mit denen man Kontakte anknüpft und pflegt: Zeitungen lesen und diskutieren, Radio hören, Zigaretten rauchen, sich auf Parkbänken und in Bars mit anderen unterhalten. Ferner: Er betont, wie sehr sich ein Individuum vom anderen unterscheidet, und er sagt, jeder müsse sein individuelles Profil so deutlich wie möglich herausarbeiten. Aber ist das im Kloster möglich? Klagt er nicht über frustrierende Routine, die ihn nicht zum Schreiben kommen läßt? Ist im Kloster das gemeinsame Tun nicht der individuellen Betätigung übergeordnet? In einem Wechselbad von Gefühlen und Gedanken macht Merton „in Mosaik“, bringt die Ideen nicht „auf die Reihe“, kommt damals auch nicht dazu. Denn plötzlich, 1948, ist er, wenn nicht eine very important person, VIP, d.i. eine sehr bekannte Persönlichkeit, so doch eine bedeutende Persönlichkeit. Der Grund: Die Autobiographie ist ein Riesenerfolg. Die Erstauflage, mehr als eine halbe Million Exemplare, ist im Nu verkauft. Journalisten reisen an, wollen den berühmten Autor interviewen. Ausländische Verleger verhandeln

wegen der Übersetzungsrechte. Merton bekommt viel Post von begeisterten Leserinnen und Lesern.
Er fragt sich, und mit ihm einige andere auch: Wie ist dieser Erfolg zu erklären? Am meisten verwundert die Tatsache, daß in den zu der Zeit noch stark protestantisch geprägten USA eine katholische Bekehrungsgeschichte soviel Aufmerksamkeit verbuchen kann. Die Erklärung ist vermutlich sehr einfach: Mit dem Ende des Zweiten Weltkriegs setzt in den USA die schrittweise Emanzipation der Katholiken ein, die mit der Wahl des Katholiken J. F. Kennedy im Jahr 1962 zum Präsidenten der USA neuen Auftrieb bekommt. Wieweit Mertons Buch in diesem Prozeß eine Rolle gespielt hat, läßt sich nicht eindeutig sagen.
Was die meisten Leserinnen und Leser an Mertons Lebensgeschichte fesselt, ist vor allem dies: Ein „schlimmer" junger Mann mausert sich zum gottesfürchtigen Mönch; es ist eine Art Erfolgsstory: Einer schafft es, einen Star aus sich zu machen. Daß die Erfolgsstory im Kloster endet, macht für die Menschen jener Jahre durchaus Sinn. Denn nach den Turbulenzen des Krieges ist überall in der Welt ein Bedürfnis nach der Rückkehr zu vermeintlich besseren, traditionellen Lebensmustern festzustellen. Man hat das Gefühl, man habe in der Vorkriegszeit leichtsinnig den rechten Pfad verlassen und sei dafür mit Krieg bestraft worden. Restauration, d. h. Wiederherstellung des Alten, „Bewährten" ist angesagt; Ruhe, Beschaulichkeit werden als erstrebenswerte Ziele empfunden, und so versteht man, daß in der Nachkriegszeit viele junge Menschen in Klöster eintreten möchten. Mertons Autobiographie hat ganz sicher etliche junge Frauen und Männer in diese Richtung bewegt.

Leserinnen und Leser, die nicht so sehr von der „Botschaft“ des Buches berührt sind, loben den farbigen Stil, die Eleganz des Ausdrucks und den Humor, der bei der Schilderung vieler Episoden durchscheint.
Merton bekommt Besuch von berühmten Persönlichkeiten, so von Evelyn Waugh, dem englischen Romancier, der genau wie Merton zum katholischen Glauben übergetreten ist. Der Abt von Gethsemani weiß nicht so recht, wie er sich zum Erfolg Mertons stellen soll. Einerseits wirft dieser Erfolg Licht auf Gethsemani und ermuntert junge Männer, sich religiösen Lebensformen zuzuwenden. Andererseits kommt dadurch eine gewisse Unruhe in die Klosterwelt, und, so fragt sich der Abt gelegentlich, könnten nicht etliche Novizen in Gethsemani von Mertons schöpferischer Unruhe angesteckt werden?
Merton hat derweil andere Sorgen. Selbstkritisch fragt er sich: Habe ich die „schlimme“ Welt, der ich entflohen bin, nicht künstlich aufgebauscht, mehr noch: nicht konstruiert, damit daraus eine Bekehrungsstory werden konnte? Ist das ganze Buch nicht eher ein Gedankenspiel, das andere für Wirklichkeit halten? Hat er die Realität, in und mit der die weitaus meisten Menschen leben (müssen) – Arbeit, seichter Zeitvertreib, Rauchen, Trinken, Sex, – nicht für seine Zwecke dämonisiert oder auch lächerlich gemacht? Ist das nicht ein fragwürdiges Intellektuellenspielchen?
Und werden junge Menschen das Klosterleben nicht romantisch und attraktiv finden, wenn Merton es als den Hafen darstellt, in den er mit seinem lecken Lebensschiff sicher eingelaufen ist? Und da ist noch eine andere, tief sitzende Sorge: Die Welt hat sich von ihm ein Bild gemacht: Merton ist nach unruhiger Jugend ein

gesetzter Mann geworden, der endlich seinen Platz gefunden hat. Was werden die Leute, die ihn so in ein Fach eingeordnet und katalogisiert haben, sagen, wenn sich herausstellen sollte, daß das Kloster für ihn doch nicht die letzte, abschließende Lebensstufe ist? Hat er sich mit seiner Autobiographie, zumindest der Öffentlichkeit gegenüber, nicht die Hände gebunden? Was werden die Leute sagen, wenn er sich weiterentwickeln möchte? Werden sie nicht sagen: Dieser Merton ist ein unberechenbarer Kunde?

Wenn er weiter schreibt, werden dann der Abt von Gethsemani und Menschen, die ihm mißtrauen, nicht sagen, er habe immer noch nicht begriffen, daß er im Kloster beten und arbeiten, nicht aber schriftstellern solle? Der Schriftsteller in Merton, so könnten sie sagen, solle nun endlich verabschiedet werden, und zwar auf Nimmerwiedersehn. Doch werde ich, so fragt sich Merton, das Schreiben lassen können? Haben die Mönche in Gethsemani andererseits nicht das Recht zu fordern, daß er es läßt?

Bald soll das 100jährige Bestehen des Klosters gefeiert werden. Merton wird von der Klosterleitung beauftragt, dazu eine Art Festschrift zu verfassen. Der Auftrag schmeckt ihm nicht. Das ist nicht die Art Schreiben, die er mag. Vor allem mißfällt ihm, was der neue Abt, Dom James Fox, der den im August 1948 verstorbenen Dom Frederic Dunne ablöst, im Vorwort zu der Festschrift äußert: Viele der 70 neuen Novizen sind ehemalige Soldaten. Sie haben ihr Leben, so schreibt der ehemalige Marineoffizier und neue Abt von Gethsemani, für Gott, Vaterland und die „internationale Ordnung“ aufs Spiel gesetzt. In Gethsemani werden sie durch Gebet und Reue weiter mithelfen,

daß das Vaterland und der American Way of Life, der Amerikanismus, vor „Atheisten“ und „Terroristen“ bewahrt bleibt.
Der neue Abt führt strengere Sitten ein. Der Ausgang in die umliegenden Wälder wird eingeschränkt, worüber Merton tieftraurig ist. Als Subdiakon macht er sich in den vielen Zeremonien im Klosterleben weiter kundig, im März 1949 wird er Diakon. Sein Arbeitspensum steigt, er versucht, vom Schreiben gänzlich loszukommen. Am 26. Mai 1949 wird er feierlich zum Priester geweiht. Einige seiner engsten Freunde, darunter Lax und Rice, wohnen der Zeremonie bei. Sie haben das Gefühl, daß Merton, wenn nicht restlos glücklich, so doch nicht unglücklich ist.
Doch nach der Priesterweihe fühlt Merton sich bald „wie ausgelaugt“. Er kann nicht schlafen, er fühlt ein namenloses Unbehagen. Er fällt bei den Zeremonien häufiger um, kann sich beim Lesen kaum noch konzentrieren, fühlt sich als „Nicht-Person“. Jetzt hätte er seine Freunde nötig, um mit ihnen über seine Probleme zu sprechen, aber die Freunde sind nicht da, und mit den Mönchen kann und will er nicht über das sprechen, was ihn bedrängt.
Er fühlt sich überarbeitet, überfordert, und er kann es nicht begreifen, daß man in einem betrachtenden Orden, der doch Entspannung bieten müßte, an Streß zugrunde gehen kann. Die tägliche Routine, das Chorgebet, die Arbeit draußen, läßt ihm kaum eine ruhige Minute, um für sich still zu beten. Und das braucht er.
Da Merton jetzt ein bekannter und zudem vielseitiger Mann ist, erbitten viele von ihm kleine oder größere Gefälligkeiten. Er kann nicht nein sagen. Kleine Spaziergänge um das Kloster herum beruhigen ihn. Der

Anblick der Wolken oder eines Lichtstrahls, der über einen Kruzifixus wandert, macht ihm Freude, wie er in dem schon erwähnten *The Sign of Jonas*, einer Art Tagebuch, registriert. Aber die Tröstungen der Natur halten nicht lange vor. Wieder fühlt er sich ohne Orientierung, unbefriedigt, niedergeschlagen. Er flieht in Schreibarbeit, merkt, daß dies nichts bringt. Wieder fragt er sich, ob er nicht zu den Kartäusern gehen sollte. Dort, so glaubt er, findet er mehr Ruhe. Hier in Gethsemani ist alles buchstäblich übervölkert. Die vorhandenen Gebäude können die Novizen kaum noch aufnehmen, und so findet Merton paradoxerweise im Hospital von Louisville noch am ehesten ein bißchen Ruhe und Entspannung. Dies gilt nicht nur für Merton: In Louisville, das nicht weit vom Kloster Gethsemani weg liegt, müssen laufend Mönche wegen nervöser Störungen und unzureichender oder falscher Ernährung behandelt werden.
Merton spürt immer deutlicher, was es bedeutet, wenn ein künstlerisches Naturell, wie er es ist, in ein Trappistenkloster eintritt. Die Mönche um ihn herum können sehr gut ohne Kunst leben, es stört sie nicht, daß es in Gethsemani so gut wie nur kitschige Figuren und Bilder gibt. Merton dagegen hat in Europa einen Geschmack für echte Kunst entwickelt. Gespräche über kulturelle und künstlerische Fragen sind ihm ein Bedürfnis, aber hier hat er niemanden, mit dem er darüber sprechen kann. Er leidet zunehmend unter der Monotonie des gemeinschaftlichen Chorgebets. Seine Gedanken schweifen ab. Er fühlt sich wie zerrissen.
Ende 1949 bürdet man ihm eine weitere Last auf: Er soll Novizen in die Grundlagen der Theologie einführen. Es gibt keine brauchbare Literatur. Deshalb stellt

sich Merton das Arbeitsmaterial selbst zusammen, was viel Zeit und Kraft kostet. Anfang 1950 fühlt er sich völlig schlapp und wie „verklebt". Anderen Mönchen geht es ähnlich. Liegt es am schlechten Essen? An der Überarbeitung? Oder haben sie allesamt das Religiöse überfordert? Kann und darf man darauf hoffen, daß Gott einem ständig nahe ist? Muß nicht auch im Kloster die Lage des Menschen, wie sie nun einmal ist, ausgehalten werden, ohne daß man ständig Gott wie an einem Schürzenbändel halten kann?

„Ich versuche, ein möglichst guter Buddhist zu werden“

Im Herbst 1950 wird Merton im Hospital von Louisville wegen einer akuten Nebenhöhlenentzündung behandelt. Im November desselben Jahres wird er an der Nase operiert. Ob die Operation oder die Ruhe im Krankenhaus seinen Gesamtzustand verbessert, läßt sich nicht sagen. Er beginnt die Arbeit an *The Ascent to Truth* (der Aufstieg zur Wahrheit) und bringt sie in zwei Monaten zu Ende. Die Vorstellung vom Aufstieg zur Erleuchtung entnimmt er den Schriften des spanischen Mystikers Johannes vom Kreuz. An ihm fasziniert ihn besonders die Kühnheit, mit der er ausgetretene Wege in Frage stellt und entschlossen verläßt: Willst du schmecken, was du nicht schmeckst, sagt Johannes sinngemäß, gehe dort hindurch, wo du nichts schmeckst. Willst du besitzen, was du nicht besitzest, gehe dort hindurch, wo du nichts besitzest. Willst du werden, was du nicht bist, gehe dort hindurch, wo du nichts bist. Zu derselben Zeit beschäftigt er sich mit dem Hauptwerk des Amerikaners Henry David Thoreau, *Walden, or Life in the Woods, 1854* (Walden oder das Leben in den Wäldern). Im Frühsommer 1845 hatte sich Thoreau am Walden-See in der Nähe von Concord eine Hütte gebaut, in der er bis September 1847 ganz allein lebte. Er wollte zeigen, daß ein einfaches, naturnahes Leben fern von den großen Städten innere Ruhe und geistiges Wachstum ermöglicht. Seiner Meinung nach leben die meisten Zeitgenossen in „stiller Verzweiflung“ dahin. In dem Kapitel *Wirtschaft* führt

Thoreau aus, daß der höchste Wert die unmittelbare lebendige Erfahrung ist und daß man zu immer einfacheren Lebensformen kommen müsse, denn die komplizierte Mechanik der modernen Zivilisation mit ihrer Überorganisation stehe jeder sinnvollen Lebensgestaltung im Wege. Thoreau studierte Pflanzen und Tiere um seine Hütte herum und registrierte jede Beobachtung ganz genau, und er suchte die Freundschaft von Vögeln und von Maulwürfen unter seiner Behausung. Er hat ein feines Ohr für das Singen des Windes in den fernen Telegraphendrähten und einen Blick für flüchtige farbige Erscheinungen. Aber der zentrale Punkt ist, daß Thoreau das Recht des einzelnen herausstellt, sich als unverwechselbares Individuum zu artikulieren. Daraus ergibt sich die Pflicht, dafür zu sorgen, daß anderen Menschen dieser lebensnotwendige Freiraum nicht vorenthalten oder eingeschränkt wird. So weigerte sich Thoreau konsequenterweise, Steuern zu bezahlen, weil er es für verwerflich hielt, daß der Staat, in dem er lebte, entflohene Negersklaven in den Süden zurückschickte. Seinen kämpferischen Individualismus formulierte Thoreau am deutlichsten in der Schrift *On the Duty of Civil Disobedience, 1849* (Über die Pflicht zum zivilen Ungehorsam), die zur „Bibel" der unruhigen Studenten Ende der 60er Jahre unseres Jahrhunderts wurde.

Merton hat eine feine Witterung für das, was in der Luft liegt. Mit als erster erkennt er, daß *Walden* und *On the Duty of Civil Disobedience* die Gemüter zumindest der kritischen Jugend in Zukunft intensiv beschäftigen werden, denn er spürt, daß viele junge Amerikaner von dem Aktivismus und dem Materialismus der Nachkriegszeit, von dem rücksichtslosen Umgang mit der

Natur und dem flachen Kultur- und Amüsierbetrieb abgestoßen werden und nach anderen, besseren Formen suchen. Merton hat das Gefühl, daß er irgendwie zu diesen jungen Leuten gehört.
In Thoreaus *Walden* hat er zudem eine Stelle entdeckt, die seine ganz persönliche Situation berührt. Thoreau schreibt, er sei in die Wälder gegangen, um aus seinem Leben etwas zu machen, denn sonst könnte es geschehen, daß er im Augenblick des Todes feststellen müßte: Ich habe nicht gelebt.
Vor allem während des langen Chorgebets kommt Merton öfters diese Frage: Geht mein Leben auf eine Weise dahin, daß auch ich am Ende sagen muß: Ich habe nicht eigentlich gelebt?
Daß er sich mit den Ritualen des Klosterlebens, vor allem mit der Liturgie, trotz gelegentlicher Begeisterung doch recht schwertut, hat nicht nur darin seinen Grund, daß er voller Energie und voller Pläne und Ideen steckt, die er augenblicklich verwirklichen möchte. Er ist auch deshalb ungeduldig während der Zeremonien, weil er als Kind nicht mit Weihrauch, Kerzenduft und regelmäßigem Kirchgang, kurz: dem Atmosphärischen der katholischen Glaubenspraxis aufgewachsen ist. So muß er die Beziehung zu diesen Elementen über den Gedanken suchen oder über gelegentliche Gefühlsaufwallungen. Das gelingt nur bedingt. Starke Eindrücke aus den frühen Kinderjahren kann man nicht oder nur bedingt „nachholen". Das erfährt auch Merton.
Im Frühjahr 1949 darf er wieder einen seiner seltenen und kurzen Ausflüge in die Welt außerhalb des Klosters machen. Er will in Louisville die amerikanische Staatsbürgerschaft beantragen, auf die er bisher ver-

zichtet hat. Er stellt fest, daß es vielen Bürgern schlecht geht, und er sieht plötzlich seine Existenz als Mönch von einem neuen Blickwinkel aus: Ihm geht es verhältnismäßig gut, er schreibt Bücher, ist bekannt; währenddessen müssen viele Menschen kämpfen, damit sie überleben können. Ist das richtig? fragt sich Merton. Doch dieser Gedanke wird rasch von anderen überlagert. Es kommt bei Merton nicht zu einer über den Einzelfall hinausreichenden Überlegung der Art, daß man den in Not Geratenen wirksam nur durch eine grundsätzliche Veränderung ihrer Lebensverhältnisse helfen kann. Er hat kein Programm für Massenelend, ihn rührt im besten Fall ein Einzelschicksal. So macht er sich beispielsweise auch keine weiterreichenden Gedanken, als die Bauern um Gethsemani herum in ernsten wirtschaftlichen Schwierigkeiten stecken. Er packt mit an, wo Not am Mann ist, aber über Strukturprobleme denkt er nicht tiefer nach, genausowenig wie er als Student in New York bei der Arbeit unter den Armen im Stadtteil Harlem keine weitreichenden Verbesserungsvorschläge gemacht hat. In der Bürgerrechtsbewegung, die sich die Gleichberechtigung der Schwarzen zum Ziel gesetzt hat, spielt Merton keine Rolle. Das ist nicht sein Metier.

Noch in Louisville, wo sich sein soziales Gewissen geregt hat, stellen sich rasch wieder die alten Gedanken ein: Er findet es schlimm, daß die Menschen sich mit Kino, Fernsehen und Radio begnügen, nach lauter, seichter Unterhaltung rufen. Wäre es da nicht viel besser, sie zögen sich an stille Orte zurück und läsen gute Bücher?

Es ist bezeichnend für Merton, daß er nicht bei dieser Einstellung stehenbleibt, sondern sie sofort kritisch

hinterfragt. Sind die Leute wirklich so beschränkt und flach, wie es den Anschein hat? Wenn er, Merton, sie in Lesesälen sehen möchte, sind da nicht seine eigenen augenblicklichen Bedürfnisse mit im Spiel? Brauchen die Leute nicht vielleicht leichte Unterhaltung, weil sie im Alltag überfordert sind? Sind sie vielleicht nicht gute, prächtige Menschen? Muß möglichst jeder Bürger ein Philosoph und Künstler sein? Hat er, Merton, nicht selbst die Freuden gesucht, die Zigaretten, Bier und Schallplatten mit gehobener Unterhaltungsmusik bieten? Und fragt er sich nicht immer öfter, ob das Kloster für ihn wirklich der richtige Ort ist? Will er nicht vielleicht selbst in die laute, oberflächliche, unterhaltsame Welt der Durchschnittsamerikaner zurück? Ist er nicht neidisch auf die Menschen draußen?
Doch dann vertieft er sich im Kloster wieder intensiv in die Bibel und die Schriften der Kirchenväter. Er schreibt, er meditiert, er macht aus kahlen Ästen ein Kreuz und hängt es an eine weißgetünchte Wand, freut sich an der Einfachheit dieses Kreuzes und kann nicht verstehen, warum andere Menschen nur Bilder und Plastiken gelten lassen, die ganz naturgetreu sind.
Man könnte sagen: Er verheddert sich laufend in Widersprüchen. Doch ein solches Urteil wäre kurzsichtig. Merton sieht Sachverhalte von verschiedenen Blickwinkeln aus. Dabei ergeben die oft gegensätzlichen Urteile ganz und gar nicht das Bild chaotischer Gedankenbewegungen, denn wenn man zwischen den gegensätzlichen Positionen eine gedachte Linie zieht, zeigt diese durchaus eine klar erkennbare Persönlichkeitsstruktur, die Festigkeit und Zusammenhang aufweist und sich kontinuierlich entwickelt. Diese mittlere Linie könnte man so beschreiben: Mertons zentrale

Fragen sind: Lebe ich authentisch? Bin ich am richtigen Ort? Vergeude ich mein Leben, wenn ich im Kloster so vieles tun muß, was mir widerstrebt? Oder: Vergeude ich mein Leben, wenn ich schreibe? Bin ich zum Schriftsteller geboren?

Die Frage nach der möglichen Vergeudung stellt sich ihm besonders dringlich: Er hat erlebt, wie seine Familie früh weggestorben ist. Seine eigene Gesundheit ist nicht die beste, und so ist er, vielleicht mehr als viele andere, bemüht, aus seinem möglicherweise kurzen Leben etwas Richtiges, Ganzes zu machen. Der folgende Satz eines seiner Lieblingsschriftsteller, D. H. Lawrence, Autor von *Sons and Lovers* und *Lady Chatterley's Lover*, hält sich hartnäckig in seinem Kopf: „Die Dinge, die einem am meisten bedeuten, sind alle unsichtbar. Sie sind wie Samenkörner im Winterboden. Man muß sich aber mit vielen Dingen abgeben, die einem nicht eben viel bedeuten. Und dabei verrinnt einem das Leben zwischen den Fingern."

Er möchte loyal sein, die Gelübde halten, im Kloster keinen Sonderstatus haben. Soll er das Schreiben und damit die Kontakte zu Verlagen und Zeitungsredaktionen endgültig aufgeben? 1950 ist Naomi Burton in Gethsemani zu Besuch. Sie ist Lektorin des Verlags Harcourt Brace. Sie möchte mit ihm über literarische Projekte sprechen. Beide verstehen sich von Anfang an. Sie sagt, er solle weiterschreiben. Alle Versuche, davon loszukommen, seien nutzlose Quälerei. Sie sprechen auch über Glaubensfragen. Sie überlegt, ob sie zum Katholizismus übertreten soll. (Sie tut es später). Mertons Freundschaft mit ihr ist dauerhaft. Er hat Keuschheit gelobt. Das Gelübde bedeutet aber

nicht, daß er auf die für beide Teile fruchtbare Freundschaft mit Frauen verzichten müßte.
So trägt er weiter loyal und guten Mutes die doppelte Bürde von Klosterdienst und Schreiben. Vor allem die Arbeit im Steinbruch setzt ihm zu, da hilft er lieber beim Säen und Pflanzen. Am liebsten aber ist er im Wald, wozu er häufiger Gelegenheit hat, seitdem er zum „Waldhüter" ernannt worden ist. Er sieht, wo abgeholzt und wo aufgeforstet werden muß. Jeden der Gänge in den Wald nutzt er zum Gebet.
1951 wird er zudem zu einer Art Unter-Novizenmeister ernannt. Im Gespräch mit den Novizen lernt er deren Probleme und Interessen, aber auch sich selbst besser kennen. Er bekommt schnell heraus, daß die meisten von ihnen an den Problemen uninteressiert sind, die ihn beschäftigen. So verwickelt er sie dann auch nicht in verzwickte theologische Dispute, sondern mahnt sie: „Versucht ihr selbst zu sein! Faltet aus, was in euch steckt, dann tut ihr auch den Willen Gottes. Marschiert nicht nach dem allgemeinen Trommeltakt, wenn ihr in euch einen anderen Takt spürt!"
Wenn er mit seinen Novizen zusammen ist, wirkt er gelöst wie sonst nie. Aber die Gegensätze bleiben. Er ermahnt die Novizen zu geistiger Selbständigkeit, andererseits verteidigt er, beispielsweise in *The Ascent to Truth* (1951), die Kirche als Wächterin über die Wahrheit (was immer das bedeuten mag). So sagt Merton, die Kirche brauche nicht jede neue Mode und jede individuelle Meinungsäußerung gutzuheißen.
In *Bread in the Wilderness, 1953* (Brot in der Wüste), reibt er sich wieder an der Routine der gemeinschaftlichen Gebete, und er spricht vom Exodus, dem Auszug aus der Gefangenschaft. Aus welcher Gefan-

genschaft? Aus der des Klosters? Aus der Überforderung, aus der drangvollen Enge in Gethsemani, wo er sich um inzwischen 150 Novizen kümmern muß? Hinzu kommt, daß der Abt den Kontakt der Mönche zur Außenwelt noch stärker einschränkt. Merton möchte aber wissen, was draußen in der Welt vor sich geht, welche Fragen die Menschen interessieren. So verpaßt er beispielsweise die Reaktionen, die J. D. Salingers Roman *The Catcher in the Rye, 1951* (Der Fänger im Roggen) auslöst. In diesem Bestseller stellt der 16jährige Oberschüler Holden Caulfield all das in Frage, was er an der amerikanischen Gesellschaft seiner Tage für falsch hält.

Als dann der Abt noch den Druck von *The Sign of Jonas* verhindern will, glaubt Merton, nicht mehr länger in Gethsemani bleiben zu können. Er schreibt einem befreundeten Benediktinermönch, er möchte zu den Kamaldulensern in Italien gehen; dort habe er die Möglichkeit, mehr für sich allein zu sein. Der Betrieb in Gethsemani gefährde seine Gesundheit.

Der Abt fürchtet Schaden für das Mönchstum allgemein und für Gethsemani im besonderen, wenn ein so bekannter Mann wie Merton unter Protest sein Stammkloster verläßt. In Briefen an einflußreiche Kirchenmänner führt der Abt aus, Merton sei emotional sehr „instabil", er sei mehr extrovertiert und verbrauche viel Kraft beim Schreiben. Ferner sei Merton ungeduldig und nehme sich keine Zeit, den Willen Gottes zu erkennen. Er könne, so schreibt der Abt, im Wald genügend Entspannung finden. Wenn er gehe, dann sei dies ein Signal für andere, gleichfalls aus dem Kloster auszuziehen.

Der Abt schlägt einen Kompromiß vor: Man könnte

Merton ermöglichen, in Gethsemani mehr wie ein Einsiedler zu leben.
Ein Abt aus Europa teilt dem Abt von Gethsemani mit, er teile seine Meinung: Merton sei ein Abenteurer, unbeständig, in Phantasieprodukte verliebt, wie dies alle „Neurotiker" seien. Das Beste sei, Merton fünf Jahre lang so weitermachen und auch schreiben zu lassen. Vielleicht werde er dann zur Ruhe kommen. Ziehen lassen dürfe man ihn nicht, dann werde nämlich alle Welt die Schuld beim Klosterleben und nicht bei dem „zigeunernden" Merton suchen. Sollte er nach fünf Jahren noch immer nicht zur Vernunft gekommen sein, dann solle man ihn nicht mehr zurückhalten.
Merton fühlt sich elend wie selten zuvor. Er überlegt, ob er endgültig auf das Schreiben verzichten soll. Er wartet auf eine Entscheidung seiner Oberen. Doch die äußern sich nicht klar.
In diesem Krisenjahr 1955 schreibt Merton unter anderem *No Man is An Island* (Niemand ist eine Insel). Der Titel ist einer Predigt des englischen Dichters John Donne entnommen. In dieser Predigt sagt Donne, daß niemand wie auf einer Insel leben kann: Jeder ist mit dem Schicksal der anderen Menschen unlösbar verknüpft und für den Mitmenschen verantwortlich. Doch bezeichnenderweise schreibt Merton an diesem Grundgedanken vorbei und ist sofort bei seinen Lieblingsvorstellungen: Man muß sich selber finden, indem man ruhelos nach dem Sinn sucht, der nur für einen selbst gilt.
Ende 1955 wird die Stelle des Novizenmeisters frei. Man bietet sie Merton an. Er stimmt zu, weil er sich davon mehr Alleinsein und eine größere Selbständigkeit verspricht. Hinzu kommt, daß er nach wie vor gern

mit jungen Menschen zusammen ist. Einmal wöchentlich unterhält er sich mit jedem Novizen. Er versucht, ihnen die Augen für die Schönheit der Natur zu öffnen. Er macht sie auf die heilenden Kräfte aufmerksam, die der Anblick von Bäumen, Wasserfällen und Tieren vermittelt. Gelegentlich muß er feststellen, daß einzelne Novizen seinen schnellen Gedankengängen nicht folgen können, und sie bemängeln auch schon einmal, daß er von einem Gedanken zum andern „springt". Zu der Zeit sind die jungen Leute seine wesentliche Verbindung mit der Welt, auf die er unter keinen Umständen verzichten möchte. Aber auch das Zusammensein mit den Novizen vermag ihn nicht eigentlich zu entkrampfen. Deshalb sucht er auf den Rat von Freunden den Psychoanalytiker Zilbourg in Collegeville auf. Dort ist man auf die psychischen Probleme von Mönchen spezialisiert. Doch die Gespräche mit dem Psychiater vermögen seine nervösen Spannungen nicht zu lösen.

Obwohl Merton in dieser Zeit außerstande ist, einen klaren Kurs zu steuern, entwickelt er sich dennoch weiter. In den ersten Jahren hat er die strenge Klosterzucht begrüßt und die Autorität des Abtes nie in Frage gestellt. Jetzt kritisiert er, auch in Gegenwart von Novizen, Entscheidungen und Fehlhaltungen im Kloster. Er fragt: „Kann blinder Gehorsam nicht unter bestimmten Umständen Sünde sein?" Am Anfang hat er Gott, der Tradition entsprechend, als eine überwiegend männliche Wesenheit gesehen, jetzt fängt er an, vom Weiblichen in Gott zu sprechen, und in seinen Träumen tauchen jetzt häufiger Frauen auf. So wendet er sich auch stärker der Mutter Gottes zu. Diese Hinwendung zum weiblichen Element, auch im Religiösen, läuft parallel zu seinem wachsenden Interesse an östlichen, besonders fernöstlichen religiösen Vorstellungen: Das griechische Wort *sophia* (Weisheit) ist weiblich. Im chinesischen Kulturraum ist das weibliche *Yin* dem männlichen *Yang* beigegeben. *Yin* ist weich, feucht, wolkig, verbindlich, *Yang* dagegen hart, trokken, schroff. Sie bekämpfen sich nicht, sie rufen einander.

Noch ist Mertons Kenntnis fernöstlicher Vorstellungen eher oberflächlich. Er fragt Experten, beispielsweise den Japaner D. T. Suzuki, schriftlich, wie man Zen und Tao verstehen müsse. Ganz allmählich vertieft er seine Kenntnisse. Nach 1960 wird er dann in der Lage sein, seine Erfahrungen mit chinesischen Religionen in Büchern darzustellen.

Die Hinwendung zum Fraulichen auch in der Religion und zu asiatischen Frömmigkeitsformen entspricht im wesentlichen Mertons persönlichen Bedürfnissen: Er ist immer noch auf der Suche nach der Mutter, und die fernöstliche Selbstversenkung hat er nötig, um mit sich selbst ins reine zu kommen. Mit der Orientierung zum Geist Ostasiens (oder was er dafür hält) steht er jedoch nicht allein. Vor allem bei der kritischen studentischen Jugend in den USA läßt sich in den 50er Jahren eine zunehmende Beschäftigung mit östlichem Gedankengut beobachten. 1955 und 1957 veröffentlicht der schon genannte J. D. Salinger zwei Erzählungen unter dem Titel *Franny and Zooey*. Die 20jährige Studentin Franny Glass gerät in eine seelische Krise. Ihre Zukunft, ihr Freund, das Studium bedeuten ihr nichts mehr, schlimmer noch: Sie ist ihr eigenes Ego satt. Auswege aus ihrer Krise sucht sie nicht im Bekenntnis zu einer traditionellen Kirche oder einem festgelegten Dogma, sondern sie sucht nach Möglichkeiten des

Glaubens schlechthin. Dabei weist ihr ein Bruder, Buddy, den Weg zum Zen-Buddhismus. Nicht, daß diese jungen Menschen in den Zen-Buddhismus tiefer einzudringen vermöchten, sie wollen dies nicht einmal. Sie sprechen vielmehr von Religion allgemein, aber die für den Zen-Buddhismus charakteristische Versenkung in das eigene Ich entspringt letztlich der Überzeugung, daß man Halt und Befreiung nur für sich selber und in sich selber finden kann.

Einen „stillen Krieg" gegen das „System" von Seßhaftigkeit, geregelter, intensiver Arbeit, Materialismus, Massenwerbung und hektischem Konsum führen auch die Figuren in Büchern Jack Kerouacs (geb. 1922), der genau wie Merton an der Columbia-Universität in New York studiert hat. In dem aus einzelnen Episoden zusammengesetzten „Roman" *On The Road, 1957* (Unterwegs) sind zwei Beatniks (oder Hipsters) auf der Suche nach alternativen Lebensmöglichkeiten. Sex, Alkohol, Drogen, Augenblicke ekstatischen Hingerissenseins („kicks"), spontanes Sich-Einfühlen-Können in einen anderen sind die Elemente, in denen diese „Idioten" und „Heiligen" momentane Erfüllung finden.

Jack Kerouacs 1958 erschienenes Buch *The Dharma Bums* (Gammler, Zen und hohe Berge) ist wieder ein Protest gegen die Langeweile, die Sterilität und Selbstzufriedenheit der amerikanischen Gesellschaft nach dem Koreakrieg. Es ist vor allem die Langeweile der Guten, der „unheilbar" Gesunden und Normalen, die viele Beatniks zu Äußerungen wie der folgenden veranlaßt: „In einer solchen Kultur wissen nur mehr Kriminelle und Narren die Wahrheit zu erkennen." Neben Jazz und Rauschmitteln erscheint in *The Dharma Bums* wieder der (freilich nur halb verdaute) Zen-Bud-

dhismus als Mittel, die Sinnleere zu überwinden und durch Meditation zur Erleuchtung und damit zur Erlösung zu kommen.
Dieser Protest gegen Konvention und Konformismus ist nicht frei von Widersprüchen. Die Dharma Bums sind beispielsweise gegen die moderne Technik, benutzen aber moderne Verkehrsmittel ausgiebig und gern. Im übrigen trat das von den Aussteigern erhoffte „Ergrünen“ der USA nicht in dem gewünschten Umfang ein. Die Studenten unter den Beatniks und Hippies hatten gedacht, wenn sie sich dem System verweigerten, werde dieses aus Mangel an hochqualifizierten Führungskräften sehr bald zusammenbrechen. Es kam jedoch anders. Jugendliche aus unterprivilegierten Bevölkerungsschichten sahen ihre Chance zum sozialen Aufstieg und studierten statt der Aussteiger. So wurde das „System“ zumindest im Wirtschaftlichen durch das Einrücken der Universitätsabgänger aus den weniger bemittelten Bevölkerungsgruppen am Ende noch stärker, als es zuvor gewesen war. Dennoch sind die Fragen, die die Beatniks und die Hippies in den 50er Jahren gestellt haben, bis heute nicht verstummt. So verbringen immer mehr US-Amerikaner ihren Urlaub in mehr als 150 Zen-Klöstern in den USA, um durch Meditation und stilles Tun zu sich selbst zu finden.
Mitte 1959 kommt Merton zu dem Schluß, daß ihm mit einem Wechsel des Ordens nicht zu helfen ist. Also muß er in Gethsemani weiter „unterwegs“ sein, dabei möchte er aber soviel wie nur irgend möglich allein sein. Aber wie ist das mit seinen Verpflichtungen im Kloster vereinbar? Er fühlt sich überfordert, sucht wieder einen Psychiater auf, was in den USA nicht so ungewöhnlich ist wie beispielsweise in Spanien, Frankreich

oder Deutschland. Der Psychiater erklärt, Merton sei nicht psychisch krank, er brauche nur einen Ortswechsel und mehr Zeit für sich selber. Reisen wäre gut, meint der Psychiater, der sich im übrigen mit den charakteristischen Schwierigkeiten von Ordensleuten auskennt.

Merton würde gern als Einsiedler in die Berge der weiteren Umgebung gehen. Aber das wird abgelehnt. Der Abt von Gethsemani macht folgenden Vorschlag: Man will für ökumenische Begegnungen etwa einen Kilometer vom Kloster entfernt ein Gebäude errichten. Da dieses Gebäude nicht ständig benutzt wird, soll es Merton zeitweise zur Verfügung gestellt werden, damit er in aller Ruhe meditieren und arbeiten kann. Ende 1960 wird der Bau fertig. Er ist flach und hat ein Vordach. Hier schreibt Merton Artikel, Gedichte und Übersetzungen. Er kommt vom Schreiben einfach nicht los, hat dabei aber immer ein schlechtes Gewissen. Er ist und bleibt ein „geteilter Mann".

Sein Widerstand gegen die verordnete Routine wächst, er reibt sich immer mehr am „mittelalterlichen" Geist von Gethsemani und am sterilen Konservativismus des amerikanischen Katholizismus. Bestärkt wird er darin durch spärliche Nachrichten aus Rom, wo das Vaticanum II vorbereitet wird, das die Kirche auf den Stand der Zeit bringen soll. Er liest Henry Miller, der frei über sexuelle Dinge spricht, ferner die Existentialisten Sartre und Camus, die sagen, daß der Mensch sich in jedem Augenblick selber neu bestimmen und orten müsse. Merton beschäftigt sich auch mit dem marxistisch orientierten Bertolt Brecht, der für eine konsequent diesseitige, unbürgerliche Lebensgestaltung eintritt und die Geschichte aus der Perspektive des kleinen

Mannes sieht. Merton setzt sich auch mit den Schriften Dietrich Bonhoeffers auseinander, der ein kirchenloses Christentum für unumgänglich hält. Er liest fieberhaft und stellt fest, daß sich die Welt draußen immer schneller von dem fortbewegt, was in Gethsemani als unverzichtbares Gedankengut zementiert wird, ohne daß die Mönche sich dadurch als besonders lebendig erwiesen.

Dem wenigen, das durch die Klostermauern dringt, entnimmt Merton, daß draußen nicht nur literarisches Neuland entdeckt wird. Vielmehr beschäftigen die Gefahr einer nuklearen Auslöschung der Menschheit, die zunehmende Umweltzerstörung, die Entkolonisierung und Ernährungsprobleme besorgte Menschen in aller Welt, und Merton hat das Gefühl, er müsse sich einmischen, auch wenn es dem Abt und anderen Kirchenobern überhaupt nicht paßt. Wer um jeden Preis gehorcht, so sagt sich Merton, der verhält sich wie der Judenmörder Adolf Eichmann, und das heißt zugleich, sein eigenes Leben duckmäuserisch verrinnen und verrotten zu lassen.

Merton hat den Verdacht, daß Briefe an ihn abgefangen werden. Die Verdauung macht ihm zu schaffen, er kann keine Milch mehr trinken. Die Wirbelsäule scheint beschädigt, und gelegentlich vermissen die Novizen bei ihm den gewohnten liebenswürdigen Charme, den alle an ihm schätzen. Es ist bezeichnend, daß es eine Frau, Naomi Burton, ist, die ihn zu besänftigen und aufzumuntern vermag, vor allem als eine Schleimbeutelentzündung im linken Arm ihm die Arbeitsfreude und den Schlaf raubt.

Er hat zunehmend den Verdacht, daß die Kirchenmänner und Theologen, die auf dem 1962 beginnenden Vaticanum II eine Erneuerung, genauer: eine Anpassung der Kirche an die Gegenwart beraten, nur die äußeren Formen ändern wollen, ohne daß sich am Geist der Kirche etwas änderte. Aber auf Gesinnungswandel kommt es an, sagt Merton, und auch die anderen Trappisten werden von diesem Unbehagen am Bestehenden erfaßt. Doch bei den meisten äußert sich das in einem unartikulierten: „So nicht mehr weiter!“ Da wünscht sich Merton einen Mann wie Ernesto Cardenal zurück, den er von 1957 bis 1959 im Noviziat von Gethsemani begleiten durfte.

Ernesto Cardenal ist zehn Jahre jünger als Merton. Er kommt aus Nicaragua. Er und Merton haben einiges gemeinsam: Beide sind Dichter, beide beobachten interessiert das Zeitgeschehen, beide denken darüber nach, wie eine menschenfreundlichere Zukunft aussehen könnte. Aber es gibt auch Unterschiede. Cardenal stammt aus begüterten Verhältnissen, er erinnert sich gern an seine Kinder- und Jugendzeit zurück. Kein Blick zurück im Zorn wie oft bei Merton. Auch über die Zukunft gehen ihre Vorstellungen teilweise auseinander. Während Merton meint, man müsse in Ostasien nach Vorbildern für eine bessere Zukunft suchen, ist Cardenal der Ansicht, man müsse sich an der indianischen, vor-kolumbianischen Zeit orientieren, und während Merton reichlich abstrakt bleibt, hat Cardenal konkrete Vorstellungen von einer solchen (alt-)amerikanischen Zukunft: Kein Privateigentum und keine Reklame. Das Wort „Herr“ ist aus dem Sprachgebrauch zu verbannen. Es gibt keine Kolonien, keinen Soldatenstand, keine Stadtmauern, dafür aber Steine auf öffentlichen Plätzen, in die Gedichte eingemeißelt sind, und Prozessionen zur Erinnerung daran, daß es über das Materielle hinaus noch eine andere, geistige und geistliche Dimension gibt. Auch als Dichter ist Cardenal konkreter, origineller als Merton, der, wie schon die Titel vieler seiner meist rasch geschriebenen Bücher zeigen, mehr andere Dichter zitiert, als daß er eigene, neue Formulierungen fände. So verbindet Cardenals bekanntes Gedicht „Gebet für Marilyn Monroe“ (1965) banale Dinge (Kintopp, Ladenmädchen) mit einem getragenen Gebetston, der ein unverwechselbares Flair hat.

Cardenal studiert später Theologie und wird Priester. Er gründet in Nicaragua eine Kommune und arbeitet im Widerstand gegen das Somoza-Regime. Nach dem Sturz der Somoza-Clique wird er Minister in der neuen Revolutionsregierung, bleibt aber weiter Dichter und Priester.

Merton orientiert sich indessen weiter an fernöstlichen Vorstellungen. Auf seine Anregung hin wird in Gethsemani ein Zen-Garten angelegt, in dem etliche Trappisten gerne meditieren. Ende 1963 feiern sie das ostasiatische Drachenjahr.

Natürlich wird das kritisiert, doch Merton weist diese Kritik scharf zurück. Er sagt, ein Christ, der sich in alten westeuropäischen Vorstellungen und Riten einmauere, müsse verkümmern, und er verpasse sein Leben. Im übrigen müsse man alle frischen geistlichen Quellen nutzen, wo immer man sie finde, also auch in Ostasien. Es komme auf „Religion“, nicht auf eine eurozentrische Variante von Religion an.

Zu der Zeit kommt die Bezeichnung „Mertonismus“ auf. Für seine Kritiker bedeutet „Mertonismus“ geistiges Zigeunertum, Unberechenbarkeit, Quengelei. Für Mertons Freunde umschreibt „Mertonismus“ eine

Haltung, die von geistiger Lebendigkeit, Sinn für Kultur, Humor, Charme und kosmopolitischem Denken und Fühlen geprägt ist. Es spricht für die starke Ausstrahlung Mertons auf seine Umgebung, daß man schon zu seinen Lebzeiten das Markenzeichen „Mertonismus“ prägt.

1964 hat Merton Grund zum Jubeln. Der alte japanische Zen-Meister D. T. Suzuki, mit dem er bereits korrespondiert hat, möchte ihn in New York treffen. Merton darf reisen, und für ihn ist das Wiedersehen mit New York so etwas wie das Wiederfinden einer geliebten Frau. Er spricht von der Stadt wie von einer Frau, sagt „sie“, nicht „es“. Er besucht Museen, erkennt in van Goghs Bildern ein verwandtes religiöses Suchen nach Authentischem, geht ganz gelöst durch den Central Park und vergißt auch nicht zu erwähnen, daß er sich wie Holden Caulfield, der jugendliche Held in J. D. Salingers *Catcher in the Rye*, die Sorgen eines Taxifahrers angehört hat. Vor allem aber spricht er mit D. T. Suzuki über Zen, und er benutzt die Gelegenheit, sich über den Taoismus und besonders den Weisen und Dichter Zhuangzi (gestorben um 300 v. Chr.) genauer zu informieren. Er ist bereits 1960 auf Texte von Zhuangzi gestoßen und möchte jetzt die Amerikaner mit dessen Gedanken bekanntmachen.

Die Grundlagen des Taoismus, so erfährt Merton von Suzuki, wurden in einem *Buch vom Tao und seinem Wirken* gelegt. Es ist unklar, ob Laozi der Verfasser ist.

Was versteht man unter Tao? Tao ist der Weg der Natur, und weil er der natürliche Weg ist, folgt ihm auch der Weise. Woran erkennt man diesen Weisen? Er hat sich von jedem starren Denken gelöst und greift niemals in den natürlichen Ablauf der Dinge ein. Herrschsucht, Gewinnstreben und ungezügelter Wissensdurst sind ihm fremd. Der Weise sucht nicht die Auseinandersetzung und nicht den Kampf. Er zieht sich lieber zurück. Nachgeben ist besser als Handeln, Schweigen besser als Reden. Das Weiche ist auf die Dauer stärker als das Feste, das Wasser besiegt den härtesten Stein. Wer sich in den Rhythmus des Natürlichen einschmiegt und aller angestrengten Künstlichkeit entflieht, wer genügsam, ja wunschlos ist, der ist auf dem rechten Weg, dem Weg des „Tao".

Schon zur Zeit seiner Entstehung hat der Taoismus vor allem Städter angesprochen, die aus der Künstlichkeit der Zivilisation herauskommen und naturgemäßer leben wollten. Daher auch die Wirkung auf Städter unserer Tage. Merton hat das Gefühl, die Texte des Zhuangzi seien für den modernen westlichen Menschen ein Wegzeichen in eine lebenswertere Zukunft, und so hat er bei seiner freien, eigenwilligen Übertragung ins Englische vor allem die Probleme des gegenwärtigen Amerika im Auge. Hier zwei Beispiele:

Zwei Könige und Ohne-Form

Der König der Südsee war ‚Arbeite gründlich',
der König des Nordmeers ‚Arbeite schnell'.
Das Land zwischen beiden regierte
‚Ohne-Form'.

Nun gingen der König der Südsee
und des Nordmeers
des öfteren zusammen
in das Land ‚Ohne-Forms'.
Sie gingen gern zu ihm.

Deshalb überlegten sie,
wie sie ‚Ohne-Form' zum Zeichen
ihrer Sympathie einmal eine
besondere Freude bereiten könnten.

Sie sagten: „Die Menschen haben sieben Öffnungen,
zum Sehen, zum Hören, zum Essen, zum Atmen
und so weiter. ‚Ohne-Form' hat nicht
eine einzige Öffnung. Wir wollen ihm
ein paar Öffnungen machen."
Also
machten sie ‚Ohne-Form' ein
paar Öffnungen, eine am Tag,
eine ganze Woche lang.
Als sie die siebente Öffnung fertig hatten,
war ihr Freund tot.

Lao Tan sagte: „Organisieren heißt: zerstören."

Der Mensch wird im Tao geboren

Fische werden im Wasser geboren,
der Mensch im Tao.
Wenn die Fische
den schattigen Grund
des Teichs aufsuchen,
fehlt ihnen
nichts mehr.
Wenn der Mensch
in den schattigen Grund
des Nicht-Handelns
hinabsinkt,
um Aggression und Sorge

zu vergessen,
dann hat er alles,
und sein Leben ist sicher.

Moral: Der Fisch gebe sich dem Wasser hin,
der Mensch dem Tao. Mehr ist nicht nötig.[3]

Für Merton bekommen diese Texte besondere Aktualität, als die USA nach Feuergefechten zwischen amerikanischen und nordvietnamesischen Seestreitkräften im Jahr 1964 in den Vietnam-Krieg hineinschlittern, den sie nicht gewinnen können und der das Selbstwertgefühl der Amerikaner schwer erschüttert. Mit modernstem technischen Gerät und chemischen Kampfstoffen gehen die Amerikaner gegen die in der Art von Indianern kämpfenden Nordvietnamesen vor, zerstören rücksichtslos die Natur und denken nicht an die ökologischen Folgen. Hinzu kommt, daß sie kein Verständnis für ostasiatische Lebens- und Denkformen zeigen und anzunehmen scheinen, der American Way of Life sei die ideale Lebensform für alle Menschen in der Welt.
Ein Freund Mertons, der Jesuitenpater Dan Berrigan, ist einer der Wortführer der Kampagne gegen den Vietnamkrieg. 1964 hält Merton zusammen mit Dan Berrigan Besinnungstage über die „geistlichen Wurzeln des Protests". Als Kardinal Spellman den Vietnamkrieg als „gerechten Krieg" bezeichnet und in Vietnam Waffen segnet, protestieren Merton und Berrigan energisch. Sie sagen, es sei nicht Aufgabe der Christen, den Krieg zu schüren, vielmehr sollten sie ihren Beitrag dazu lei-

[3] In: Thomas Merton, *Sinfonie für einen Seevogel und andere Texte des Zhungzi*, Düsseldorf 1984, S. 43 und S. 42. Übers. v. Verf.

sten, die modernen Massenvernichtungsmittel, vor allem Nuklearwaffen, unter Kontrolle zu bringen und so bald wie möglich zu vernichten. Schon 1961 hatte Merton auf den Zynismus hingewiesen, mit dem man sich 1945 zum Abwurf von Atombomben über Hiroshima und Nagasaki entschlossen hatte: Computer hatten ausgerechnet, die herkömmliche Kriegsführung werde noch soundsoviele Menschenopfer und Verluste an Material fordern, da sei ein Ende mit Schrecken „wirtschaftlicher". In zahlreichen Artikeln ruft Merton die Christen dazu auf, nicht schuldige Zuschauer zu bleiben, sondern sich energisch einzumischen und sich in wirtschaftlichen, technischen und politischen Fragen sachkundig zu machen, um gezielt kritisieren und Alternativvorschläge machen zu können. Der Abt und andere in Gethsemani werfen Merton vor, er kritisiere und protestiere ins Blaue hinein, ohne Sachkenntnis zu besitzen. Darauf erwidert Merton, diese sei notwendig, das habe er immer gesagt, vor allem aber komme es auf einen Gesinnungswandel an, und der müsse bei jedem einzelnen einsetzen, dann ließen sich die drängenden Probleme leichter lösen.

Diese Überlegungen trägt Merton auch den Teilnehmern an ökumenischen Gesprächen in Gethsemani vor: Alle Religionsgemeinschaften müßten angesichts der weltweiten Bedrohung der Lebensgrundlagen der Menschheit zusammenstehen und die Schöpfung bewahren. Ein kurzsichtiger Anti-Kommunismus, wie ihn beispielsweise der Kommunistenjäger McCarthy in den 50er Jahren gepredigt habe, rechtfertige nicht einen nuklearen „overkill".

In unseren Tagen wirken Wörter wie Pazifismus, Gewaltlosigkeit, soziale Gerechtigkeit, Schutz der Natur,

Abrüstung schon leicht abgenutzt, doch in den 60er Jahren waren sie neu und frisch. Deshalb darf man Merton nicht den Vorwurf machen, er habe mit Klischees hantiert.

Er spricht konkret Politiker an. So schickt er Senator Cooper einen Brief, in dem er klipp und klar sagt, er, Merton, hätte Lyndon B. Johnson (Demokratische Partei) nicht gewählt, wenn er gewußt hätte, daß Johnson sich so stark in Vietnam engagieren würde. Er wirft den Berufspolitikern massive Dummheit vor, die am Ende das eigene Land ruinieren werde, und es sei albern, jeden, der für Gewaltlosigkeit sei, als vaterlandslosen und charakterschwachen Gesellen zu bezeichnen.

Sehr zum Unwillen etlicher Kirchenoberen, einschließlich des Abtes von Gethsemani, weist Merton auf andere schwache Punkte hin. Er kritisiert, daß der Prozeß der Gleichberechtigung der Schwarzen in den USA nicht so recht vorankommt. Er verweist auf die wachsende Armut der Massen in Lateinamerika und die fragwürdige Rolle, die die USA dort spielen. Einen Augenblick lang überlegt er, irgendwo in Lateinamerika, genauso wie Ernesto Cardenal, eine christliche Kommune zu gründen. Er möchte die drei „Amerikas", Nord-, Mittel- und Südamerika, unter dem Vorzeichen christlicher Solidarität zu einer Einheit zusammenwachsen sehen. Er sagt, wenn wir Gott als den Vater aller Menschen ansähen und verehrten, dann ergebe sich daraus die Pflicht, Menschen aller Farben und Religionsbekenntnisse wirksam in allen Nöten beizustehen. Wenn sich jeder Mensch als ein Sohn oder eine Tochter Gottes verstehe, sagt Merton, dann sei es für ihn selbstverständlich, im Mitmenschen den Bruder und die Schwester zu sehen.

Nun weiß Merton sehr genau, daß solche allgemeinen Appelle allein nicht allzuviel bewirken. Es gibt viele, vielleicht allzu viele solcher Appelle, und das schwächt ihre Wirkung ab. Am besten ist, jeder fängt bei sich selber an, und wenn viele mit sich selbst ins reine kommen und ihr Leben ändern, dann wird und muß sich die Gesamtsituation der Menschheit ändern, folgert Merton. Diese Schlußfolgerung fällt ihm nicht schwer, denn er ist und bleibt der Individualist, der Organisationen und massenhaften Unternehmungen mißtraut. So ist es nur folgerichtig, daß er beispielsweise das Geld, das er für seine künstlerischen Arbeiten bekommt, einem einzelnen schwarzen Studenten in Louisville zur Verfügung stellt, damit dieser sein Studium beenden kann. Ebenso schlüssig ist es, daß Merton sagt: „Ehe wir Mönche anderen Gruppen und Organisationen Lehren erteilen, müssen wir zunächst einmal unsere eigene Gemeinschaft in Ordnung bringen. Wir müssen wie Brüder miteinander umgehen und neue, humanere Lebensformen erproben." Das ist für Mönche leichter als für Menschen mitten in der Welt, sagt Merton, denn Mönche brauchten keine Familien zu ernähren, sie hätten Zeit, in aller Ruhe Kräfte gegen den Aktivismus einer Konsum- und Freizeitgesellschaft zu entwickeln und diese an die gehetzten Menschen in der Welt weiterzugeben. Letzteres ist besonders wichtig, denn Klöster, in denen die Mönche ausschließlich um sich selber kreisen, sind ein Ärgernis. Es muß Verbindungen zu den Menschen in der Welt geben, vor allem zu den Notleidenden und Verzweifelten. Ein Kloster darf keine fensterlose Burg sein.

In diesen Überlegungen wird Merton von Bernhard Häring bestärkt, der Mitte der 60er Jahre in den USA ist und auch mit Merton Kontakt aufnimmt. Pater Häring ist Redemptorist und Professor für Moraltheologie. Als Berater beim II. Vatikanischen Konzil ist er mit vielen Ordensleuten und u. a. auch mit Kardinal Suenens zusammengekommen, die darüber nachdenken, ob man nicht durch sogenannte Schulen oder Häuser des Gebets vor allem in Frauen- und Männerklöstern eine neue, zeitgemäße Spiritualität entwickeln könnte, die dann aus den Klöstern heraus in die Welt hineinstrahlen müßte.

Bernhard Häring weiß, daß Merton im Kloster Gethsemani keinen leichten Stand mehr hat. Er spricht mit Mertons Vorgesetzten und versucht ihnen klarzumachen, daß die Ordensleute neue Entwicklungen zur Kenntnis nehmen und die Anstöße des Konzils aufnehmen und weitergeben müßten. Sie sollten froh sein, daß sie in Merton einen Ordensmann hätten, der der Zukunft auf der Spur sei und in den USA und auch sonst in der Welt geachtet und bewundert werde. Vor allem sollten sie sich darüber freuen, daß Merton daran arbeite, ostasiatische Formen des Betens und Meditierens zu erforschen und in die christliche Glaubenspraxis einzuschmelzen. Das sei für das westliche Christentum ein großer Gewinn. Im übrigen bedeute es eine Ehre für Gethsemani, daß Merton einer der Wortführer der Friedensbewegung sei.

Bernhard Härings Worte machen keinen großen Eindruck auf die Kirchenmänner. Dann sprechen er und Merton intensiv miteinander. Merton berichtet Häring, wie er vor allem mit Hilfe D. T. Suzukis einiges vom Zen-Buddhismus und vom Taoismus aufgenommen hat und jetzt darüber nachdenkt, was davon für westliche Mönche und darüber hinaus für alle Menschen in der westlichen Hemisphäre heilsam sein könnte. Er teilt Bernhard Häring Zwischenergebnisse mit: Man muß sich versenken, dann wird einem die Erleuchtung geschenkt. Zuerst gilt es, leer zu werden, nicht in Worten und faßbaren Gedanken denken, alles Denkbare vermeiden. Wenn dann alles in einem schweigt, wenn Gedanken und Gefühle nicht mehr spürbar sind, wenn der Wille erloschen ist, dann ist Erleuchtung möglich. Ganz leer werden – dann wird man angefüllt, und von der Fülle muß man anderen mitgeben. Um sich zu versenken und gänzlich leer zu werden, muß man nicht ununterbrochen mit untergeschlagenen Beinen dasitzen. Jede Tätigkeit ermöglicht die Versenkung, beispielsweise die Arbeit auf dem Feld und im Wald, die Betrachtung von Pflanzen, Tieren und Wolken und von Kunstwerken, die „unfertig" sind, die mehr andeuten als „Fertiges" darstellen und gerade deshalb die Meditation in Schwingung halten.

Diese Überlegung bringt Merton zum nächsten Thema, dem Taoismus. Das Tao entspricht Mertons Lieblingsvorstellung der „fluencia", des ständigen Flusses, der keine Verfestigung und Dogmatisierung duldet. Fluencia ist ständiges Auf-dem-Weg-Sein, ohne daß man das Ziel im voraus kennt. So dürfe, sagt Merton, auch das Kloster nicht den Anschein erwekken, es sei ein endgültiges Ziel. Auch oder gerade im Kloster müsse man immer unterwegs und nach allen Seiten hin offen sein.

Bernhard Häring sagt, die Idee vom „Haus des Gebets" komme Mertons Vorstellungen sehr nahe. Er habe in den USA Ansätze in diese Richtung festgestellt. Man solle sie fördern.

Merton ist von dieser Idee sehr angetan. Sie entspricht

genau dem, was er sich unter Erneuerung des Klosterlebens vorgestellt hat. Anfang 1968, kurz vor seiner Abreise nach Ostasien, nennt er die Bewegung „Haus des Gebets“ (die Bezeichnung stammt von Bernhard Häring) die „möglicherweise verheißungsvollste Initiative der Kirche von heute“.

Was ist das „Haus des Gebets“? Frauenklöster ergreifen die Initiative. Gruppen von 5 bis 14 Schwestern erproben im Sommer 1969 sechs Wochen lang das Projekt. Sie sind an 16 verschiedenen Orten in den Diözesen Detroit und Lansing untergebracht. Einige der Häuser liegen in Stadtzentren, andere auf dem Land. Jede Schwester kann frei entscheiden, in welchem Haus sie mitmachen will. Einmal wöchentlich treffen sich alle Schwestern zu gemeinsamer Meßfeier, zum Mittagessen und zum Gespräch mit ihren geistlichen Beratern. Diese repräsentieren die verschiedensten Gebetstraditionen. Unter ihnen ist ein jüdischer Rabbi aus der chassidischen Tradition, der Abt eines Hindu-Klosters in Sri Lanka und Lehrer des „Integralen Yoga“, ein Benediktinermönch und Psychologe.

Es wird viel gesungen und getanzt, beispielsweise zur Musik aus dem Film *Alexis Sorbas*. Das alles ist nicht programmiert, sondern kommt spontan. Tanz und Gesang werden als eine andere Form des Betens verstanden. Für die Schwestern, die allein in aller Stille beten wollen, werden „Eremiten-Tage“ eingerichtet. Das ist also der entscheidende Unterschied zum normalen Klosterleben: Man ist freier, man kann sich spontan mit Gleichgestimmten zum Beten, Tanzen, Singen oder Meditieren zusammenfinden. Die Schwestern entdekken, daß Gott durch alles und in allem spricht. Was normalerweise als „Ablenkung“ empfunden wird, erweist sich plötzlich als Ansatzpunkt für spontanes Beten. Die Geräusche auf der anderen Straßenseite, etwa das Kreischen einer Motorsäge, stoßen frei formulierte Gebete an. Der hinduistische Berater sagt den Schwestern, auch die Arbeit in der Küche sei Gebet.

Im „Haus des Gebets" gibt es nicht den Zeitdruck, der die Routine des regulären Klosters zu bestimmen scheint. Eine Schwester sagt, sie sei im „Haus des Gebets" nicht mehr Sklavin der Uhr.

Am Anfang hatten etliche Schwestern nur das eine Ziel: im stillen Gebet möglichst viel für sich allein zu profitieren. Im Lauf der sechs Wochen entdecken sie, daß wechselseitige Hilfe und rückhaltlose Offenheit die wichtigste Frucht des Sommers 1969 gewesen ist. In einigen „Häusern des Gebets" setzen sich die Schwestern dicht einander gegenüber und sprechen ohne falsche Scham ihre geheimsten Ängste und Wünsche aus. Oder sie arbeiten viel miteinander, um sich besser kennenzulernen. Eine Schwester sagt im Rückblick: „Das natürliche und menschliche Element bestimmt mich jetzt wesentlich stärker." Sie ist jetzt in der Lage, mit anderen unbefangen über ihre Zweifel und Hoffnungen und über ihre „Ah- und O-Erlebnisse" zu sprechen.

Im „Haus des Gebets" in Port Huron erlebt eine Schwester, Dorothy, endlich das Glücksgefühl, das sie ein Leben lang vermißt hat. Mitten in diesem stillen Glück stirbt sie. Dorothy hat in ihrem kurzen Leben viel Schweres durchgemacht. Aber sie läßt das andere nicht merken. Jeden Tag radelt sie ein paar Kilometer zum Seeufer. Zum erstenmal in ihrem 21jährigen Klosterleben findet sie die Ruhe, zu sich selbst zu kommen. Ganz still sitzt sie unter den Weiden am Seeufer. Ein paar Kinder spielen in ihrer Nähe. Sie fühlt sich von ihnen aber nicht gestört. Sie erinnern sie vielmehr an ihre eigene Kindheit, und hier am See sucht sie das Kind in sich, das eigentlich nie zur Entfaltung gekommen war. Sie äußert einer Schwester gegenüber: „Zum erstenmal bin ich mit dem Leben versöhnt." Am 22. Juli 1969 feiern die Schwestern mit dem geistlichen Berater die Messe am Seeufer. Das Evangelium wäre das vom Fest der heiligen Maria Magdalena gewesen. Aber in ihrer am Huron-See gewonnenen Unbefangenheit und Spontaneität hatte Schwester Dorothy ganz aus sich heraus die Liturgietexte für diesen Tag zusammengestellt und ausdrücklich darum gebeten, man möchte statt des vorgeschriebenen Evangeliums die Bibelstelle vorlesen, in der berichtet wird, wie Jesus den Sturm auf dem See besänftigte. Auf dem Heimweg von der Messe stirbt Schwester Dorothy im Auto. Kurz vorher hat sie zu einem spielenden Kind, das mit ihr die Wellen beobachtete, gesagt: „Sie rufen mich." Der geistliche Berater malt einen kleinen Kreis von Pollenstaub auf die Stirn der Toten. Sie hat Pollenstaub gemocht. Hätte Merton von diesem Tod erfahren, hätte er bestimmt gesagt: „Das zeigt, was im ‚Haus des Gebets' möglich ist. Wir sind auf dem richtigen Weg."

Das Sich-selber-Finden und das Sich-Entkrampfen, der Gewinn an Freude und Kreativität sind aber nur eine Seite des Projekts „Haus des Gebets". Die Schwestern geben nämlich das, was sie gewonnen haben, nach draußen weiter. In St. Joseph, Erie, kümmern sie sich um Wanderarbeiter. Sie machen Essen und bringen es bedürftigen Familien in die jämmerlichen Unterkünfte. – Mitten in Detroit laden die Schwestern Schwarze zum gemeinsamen Gebet ein. Ein älterer Schwarzer sagt:

„Ich habe bisher beim Beten immer nur mit den Flügeln geschlagen. Jetzt bin ich ganz ruhig und segle mit dem Wind." – In Walled Lake platzen eines Tages Kinder mit Coca-Cola-Flaschen und Kartoffelchips in eine Gesprächsrunde der Schwestern, um sie zu einem kleinen Drink zu bitten. Die Schwestern nehmen die Einladung an. Von dem Augenblick an sind sie in die Gemeinde integriert. Die Pfarrgemeinde feiert zusammen mit den Schwestern die Messe am Seeufer. Dabei geht ein Kind zur ersten heiligen Kommunion, und alle feiern das Ereignis. – In Auburn Heights öffnen sich die Schwestern auch für das Politische. Jeden Tag schneiden sie eine Schlagzeile aus der Zeitung und kleben sie an die Wand des Gebetsraums. Dann diskutieren und beten sie laut und überlegen, was sie tun können, um das politische Geschehen zu beeinflussen. – In St. Thomas Aquinas laden die Schwestern an einem Nachmittag alle schwangeren Frauen der Umgebung zu Kaffee und Kuchen und zu Gesprächen und Gebeten ein. Sie fühlen sich nicht gestört, wenn vom nahen Sportplatz immer wieder Kinder kommen, damit ihnen die Schwestern in ihren kleinen Nöten helfen. Ein Junge muß überzeugt werden, daß es kein Zeichen von Männlichkeit ist, die kleine Schwester zu verprügeln. – In Mount Morris bekommen die Schwestern eines Nachts einen unzusammenhängenden Telefonanruf, dem sie mit Mühe entnehmen, daß er von einem 13jährigen Jungen kommt. Er will den Schwestern sagen, daß sein 6jähriger Bruder von einem Auto überfahren worden und noch auf der Straße gestorben ist. Die Schwestern laufen sofort zu dem Haus, in dem die Leute wohnen. Sie sind aus Puerto Rico. Der Vater ist körperbehindert, die Mutter muß arbeiten gehen, damit sie

nicht verhungern müssen. Die Schwestern sorgen für Essen, der Gemeindepfarrer hilft, so gut er kann. Die Schwestern gehen öfters auf den Friedhof. Wenn sie dann einsame Menschen vor Gräbern stehen sehen, gehen sie zu ihnen, versuchen sie zu trösten und versprechen, sie würden für sie beten. – In Pontiac kümmert sich Schwester Anne Marie fünf Wochen lang in einer Nervenheilanstalt um die schwersten Fälle. Sie ist dabei sehr flexibel. Erweist sich ein Weg zum Vertrauen des Patienten als nicht gangbar, versucht sie einen anderen, und sie ist beeindruckt von der Toleranz der Kranken anderen Kranken gegenüber. Sie weckt auch den Schönheitssinn der Patienten: Sie schneidet ihnen das Haar und berät sie bei der Auswahl ihrer Kleidung. Die Ärzte sind beeindruckt. Sie möchten weitere Schwestern zur Mitarbeit in der Klinik einladen.
Merton hat zu Beginn des Experiments „Hoffnung '69" den Schwestern ein paar Hinweise gegeben: Worum ihr euch besonders bemühen müßt, ist: ihr selbst zu werden. Versucht nicht, vorgefertigte Rahmen auszufüllen, sondern sucht nach neuen Möglichkeiten der Selbstfindung und der Solidarität mit anderen. Denn beides gehört zusammen: Erneuerung in Gebet und Meditation *und* tätige Nächstenliebe. Habt kein schlechtes Gewissen, wenn ihr einmal kurze Zeit nichts tut. Das Gebet braucht Zeit. Scheut euch nicht, Geist und Praktiken des Zen-Buddhismus in euer Beten und Arbeiten einzubeziehen. (Wörtlich: „Ich sehe keinen Gegensatz zwischen Buddhismus und Christentum. Ich versuche, ein möglichst guter Buddhist zu werden.") Es sind die Menschen und ihre je und je persönliche Berufung, die zählen, nicht Organisationsformen und Vorschriften. Institutionen drängen sich zwi-

schen Gott und den Menschen. Sie sind in der Regel nicht genügend personbezogen. Deshalb sind sie selten imstande, die Entwicklung des Individuums zu fördern. Wörtlich: „Ich denke da an den idealen Abt, der einen bis zu dem Punkt führt, wo man sich freigeschwommen hat. Er hält einen nicht länger fest. Unsere Institutionen haben dagegen die Neigung, genau das Gegenteil zu tun. Die Institution ruft einen zu einem Dienst und läßt einen dann nicht mehr los. Man hat keinen Spielraum. Man wird so bis zu einem gewissen Grad ein nützliches Glied, ein gut funktionierendes Rädchen in der Maschinerie der Gemeinschaft und bleibt es ein Leben lang. Die Institution glaubt, eine(r) könne sich nicht weiterentwickeln. Dieses innere Wachstum muß aber das Anliegen des „Hauses des Gebets" sein, denn daß ich innerlich wachsen, mich entwickeln kann – das ist das Große in meinem Leben, und das verlangt Gott von mir. *Darüber* sollten wir meditieren, statt besorgt zu fragen: „Wohin gehe ich?" oder: „Welchen Entschluß sollte ich fassen?" Ich sollte im Gebet mein Inneres zur Entfaltung bringen. Ich müßte prüfen, was diese meine Entfaltung denn behindert: Welche faulen Kompromisse bin ich eingegangen? Habe ich Wachstum und Entfaltung durch blinden Aktivismus ersetzt? Es ist leichter, den Prozeß des Wachstums an anderen zu beobachten und herauszufinden, was diesen Prozeß behindert. Wenn es dagegen um uns selber geht, können wir nur eines tun: versuchen, ganz wir selbst zu sein." [4]

[4] Dies und weitere Informationen zum Projekt „Haus des Gebets" in: Bernhard Häring (Hg.), *Haus des Gebets. Impulse zur charismatischen Erneuerung*, Mainz 1973 (vergr.).

Polonnaruva

Merton hat zunehmend körperliche Beschwerden. Die Schmerzen an der Wirbelsäule werden stärker. Ein durch eine Sonnenallergie ausgelöster Hautausschlag zwingt ihn, Handschuhe zu tragen, wenn er nach draußen geht. Ein Ast schlägt ihm ins Auge. Im Frühjahr 1965 trinkt er, ohne dies zu wissen, verseuchtes Wasser und hat starken Durchfall. Er muß zu schmerzhaften Untersuchungen ins Krankenhaus, weil man ein Magengeschwür oder Schlimmeres befürchtet.
Dazu kommen die ständigen Auseinandersetzungen mit dem Abt, vor allem wegen der Umsetzung der Anstöße des II. Vaticanums in die Klosterpraxis. Einiges bewegt sich in Gethsemani: Die Mönche brauchen sich nicht mehr eine kreisrunde Lichtung ins volle Haar schneiden zu lassen. In der Meßfeier soll statt des Lateinischen mehr das Englische zur Geltung kommen. Geistliche und Brüder sollen „zusammengeführt" werden. Der Abt schlägt vor, Mönche, die gern viel allein sein möchten, könnten einige Kilometer von Gethsemani entfernt in einer Art Wohnwagen leben. Es werden weitere Maschinen für die Arbeit in Feld und Wald angeschafft.
Merton ist das alles nicht genug. Er sagt, das seien nur oberflächliche „kosmetische" Veränderungen. Die notwendige Erneuerung brächten diese „Neuerungen" nicht.
Dabei fühlen sich Kritiker Mertons in ihrem Vorwurf bestätigt, dieser reagiere öfter völlig anders, als man es von ihm erwarte, und er verwickle sich in Widersprü-

che. So sei er gegen zuviele Maschinen für die Feldarbeit, beklage aber andererseits die oft harte Handarbeit, weil sie ihm keine Kraft zur kreativen Muße lasse, oder er sei gegen die Wohnwagen für Mönche, weil sie zu „technisch“ seien, andererseits befürworte er aber doch Einsiedeleien für Mönche, die gern allein sein möchten. Er sei einerseits für eine nicht ermüdende, volksnahe Liturgie, andererseits trete er für das Lateinische als Sprache für die Meßfeier ein. Schließlich könnten sie nicht verstehen, sagen die Kritiker, daß er gegen die Gleichstellung von Geistlichen und Brüdern sei, denn Merton wolle doch eine Auflösung alter Herrschaftsstrukturen, und sein Einwand, die Brüder würden dadurch ein Stück Freiheit verlieren, wiege wenig angesichts der Tatsache, daß durch die Zusammenführung immerhin ein Schritt in Richtung Demokratie in der Kirche gemacht werde.

Mit seiner Kritik macht sich Merton keine Freunde. Der Abt untersagt ihm, an einem ökumenischen Treffen in Collegeville teilzunehmen. Offenbar befürchtet er, Merton könne dort das Kloster Gethsemani durch allzu freie Meinungsäußerungen in Mißkredit bringen. In Predigten versteckt, wirft er Merton Eitelkeit und Ruhmsucht vor. Daß er Merton andererseits lobt, hilft wenig. Die Spannungen bleiben.

Im August 1965 legt Merton sein Amt als Novizenmeister nieder und hält sich, sooft dies geht, in dem Gebäude für ökumenische Zusammenkünfte, der „Einsiedelei“, auf. Wenn er dann dort für sich allein ist, lauscht er den Lauten der Tiere und des Windes, und mehr als einmal hört man ihn tanzen und singen.

Aber dennoch fühlt er sich nicht so recht entspannt und schon gar nicht erlöst. Das hat vor allem zwei Gründe:

Es liegt in der Natur Mertons und in seiner Lebensgeschichte, daß er auf keiner Stufe seiner Entwicklung denkt: ‚Jetzt endlich bin ich am Ziel. Jetzt will ich mich zur Ruhe setzen.' Er ist immer unterwegs. Das zweite ist: Er braucht Kontakte. Bei aller Sehnsucht nach Alleinsein kann er auf die Dauer nicht ohne Gespräche mit anderen Menschen sein. Abgesehen davon, daß die Mönche nach der Trappistenregel schweigen sollen, sieht Merton in seinen Mitbrüdern immer weniger passende Gesprächspartner. Nicht wenige von ihnen halten ihn für einen „Unruhestifter" und „Querulanten" und ziehen sich zurück.

Es ist schwer zu sagen, ob er sich ab 1965 bewußt schrittweise aus der Klosterwelt zurückzieht oder ob er unmerklich herausdriftet, weil er in der Klostergemeinschaft zunehmend „deplaciert" scheint. In jedem Fall muß er sich Kontakte erträumen, wenn er sie in der Realität nicht herstellen kann: Er träumt von Frauen, von mütterlichen schwarzen Frauen und von zierlichen Chinesinnen. Es ist bezeichnend, daß ihm die unattraktive schwarze Mutter näher steht als das schlanke Chinesenmädchen, denn er ist immer noch auf der Suche nach der Mutter. Aber dann stellen sich wieder Besucher aus Fleisch und Blut ein. Sie kommen aus aller Welt, um mit dem inzwischen berühmten Mann in Gethsemani zu sprechen. Er erhält Briefe und Bücher, er liest und schreibt, mischt sich in politische Fragen ein. So schreibt er 1965 an Präsident Lyndon B. Johnson, der Vietnamkrieg, in den sich die USA eingelassen hätten, sei eine Ungeheuerlichkeit. Er äußert sich auch zu anderen Fragen. So tritt er für den Gebrauch von Empfängnisverhütungsmitteln ein, wenn es unverantwortlich wäre, ein Kind zur Welt zu bringen. Er unterstützt Aktivitäten von Frauen, die für den Frieden auf die Straße gehen. Und wieder verwirrt er dabei Freunde und Kritiker: Er warnt vor jeder Hysterie, und als Dan Berrigan junge Leute dazu auffordert, Gestellungsbefehle zu verbrennen, rückt er von dem Jesuiten ab, und wenn dieser oder jener über dieses oder jenes Unrecht klagt, rückt Merton, nicht immer zur Freude der Kläger, die Proportionen zurecht: Wenn jemand mit Knüppeln totgeprügelt werde, sei das schlimmer als diese oder jene kleinere Ungerechtigkeit.

Diese stoische Haltung, das gleichmütige Hinnehmen von Enttäuschungen, Leid und Ungeheuerlichkeiten, wie es sich bei Merton jetzt gelegentlich zeigt, hat sicher *einen* Grund in seinen körperlichen Beschwerden. Im März 1966 wird er an der Wirbelsäule operiert. Er verstaucht sich einen Fuß, eine Bandscheibe verrutscht und verursacht heftige Schmerzen. Er hat das Gefühl, er vegetiere mehr dahin als daß er wirklich lebe, er sei wie „weichgekocht".

Aber er hat immer noch Kraft genug, dieses Phlegma zu durchbrechen. Er reagiert darauf, wie es seine Art ist: mit erhöhter Aktivität. Männer und Frauen bitten ihn um Rat in persönlichen Notlagen: Tod eines geliebten Menschen, Scheidung. Dabei übt er gelegentlich Kritik an der Kirche. Diese fördere, so schreibt er in einem Brief, Angst und Neurosen, statt sie abbauen zu helfen, und fast sei es ein Wunder, daß bei soviel aufgezwungener Bewußtseinsspaltung ein Christ überhaupt noch geistig und seelisch überleben könne.

Die Schallplatten von Bob Dylan und Joan Baez, deren Texte am Etablierten kratzen und deren Musik sehr schön ist, machen Merton soviel Freude, daß er die eine oder andere Weise für sich singt.

Gegen Ende 1966 bekommt er ein Buch zugeschickt: *The Church Against Itself*, 1967 (Die Kirche gegen sich selbst). Die Autorin, Rosemary Radford Ruether, ist katholische Theologin. Briefe gehen hin und her. Merton fühlt sich von ihr verstanden. Doch Rosemary Radford Ruether denkt nicht daran, dem berühmten „Weisen“ von Gethsemani zu huldigen, ganz im Gegenteil, sie stellt ihm unbequeme Fragen: „Lieber Merton, warum flüchten Sie sich in die ländliche Idylle von Gethsemani, wo doch das wirkliche Leben sich heute in den Städten abspielt? Sollten Sie nicht herauskommen und mithelfen, daß das Leben in der Stadt und die Technologie ein bißchen menschenfreundlicher werden? Warum geben Sie nicht zu, daß Sie bis zum Hals in einer Krise stecken, und warum sehen Sie nicht, daß Sie Ihr Leben ändern müssen? Begreifen Sie nicht, daß nur eine radikale Ortsveränderung Ihnen noch helfen kann? Sind Sie, als Sie ins Kloster eintraten, nicht vom Regen in die Traufe, um nicht zu sagen in die Hölle geraten?“
Merton weiß am Anfang nicht, wie er sich dazu stellen soll. Die erste Reaktion: Das ist die Stimme meiner ungeliebten intellektuellen Mutter, kalt, kühl und unbarmherzig. Doch dann erkennt er, daß Frau Radford Ruether ihn nicht verletzen will und daß sie weiß, wovon sie redet. Sie ist keine Amateurin, sie kennt alle wesentliche theologische Literatur von Augustinus bis Hans Küng, und hat Merton nicht selbst manchmal das Gefühl, er mache hier in Gethsemani bei einem großen Jux mit? Wie kommt es, daß er sich zum Zen-Buddhismus mehr hingezogen fühlt als zur Lehre der katholischen Kirche? Hat Frau Radford Ruether nicht mit nachtwandlerischer Sicherheit ihren Finger auf Schwachstellen in seiner gegenwärtigen Position gelegt?

Doch er will ihr das Feld nicht allein überlassen. Er wehrt sich. Er fragt: „Sehen Sie nicht, daß die Kirche immer mehr starre Strukturen fallenläßt und daß der Prozeß der notwendigen Hinwendung zur Welt voranschreitet? Sehen Sie nicht, daß ich, obwohl ich im Kloster bin, im Grunde ein Tramp geblieben bin? Und was die angebliche größere Wirklichkeitsnähe des Stadtmenschen anbetrifft: Haben Stadtmenschen den Vietnamkrieg stoppen können? Und leben nicht Mönche direkter, echter als die zahllosen Städter, die doch nur Rollen spielen, als Manager, Politiker oder Wissenschaftler?"

Frau Radford Ruether hält ruhig dagegen und bringt Merton an den Punkt, an dem er sich sagt: „Es muß etwas geschehen!" Aber was? Sie schreibt ihm, er solle – und das sei das Allerchristlichste, was er tun könne – dem Abt mitteilen, er solle sich zum Teufel scheren, und Gethsemani verlassen. Längst sei die Zeit vorbei, daß die Leute solchen „shit" noch weiter schluckten.

Merton weiß nicht, was er tun soll. Er möchte loyal sein. Aber wem? Seinen Mönchsgelübden? Oder seiner Überzeugung, daß man bei dem „Aufstieg zur Wahrheit" nicht schlappmachen darf? Hatte er nicht kürzlich selbst gesagt, auch das Kloster sei nicht in jedem Fall die Endstation?

Er scheut den endgültigen Schnitt, aber die Ablösung vom Kloster geht weiter. Fotos aus dieser Zeit zeigen ihn in Jeans und Drillichjacke. Ein Foto, auf dem er das Mönchsgewand trägt, zeigt einen Merton mit gequältem Lächeln. Das Paradox geht weiter: Er, der ins Kloster gegangen ist, um ganz für sich und ganz mit Gott zu sein, ist mit Arbeit überbürdet und mit vielen Menschen draußen in Verbindung.

Wieder lernt er eine „Mutter“ kennen, eine Frau O’Callaghan. Sie hat mehrere Kinder, ist resolut und lädt ihn zu Picknicks mit der ganzen Familie draußen in der Natur ein. Merton fotografiert, beobachtet Tiere.

Diese Aktivitäten gefallen dem Abt natürlich nicht. Er rügt, Merton besuche heimlich Bekannte und Freunde in Louisville. Tatsächlich hat er gelegentlich Ehepaare in Louisville spontan angerufen, um mit ihnen ein bißchen auszugehen. Dann hören sie sich gemeinsam Jazz an, und sie essen „richtig“ zu Abend. Merton verteidigt sich dem Abt gegenüber: Die Spioniererei sei widerlich; er, Merton, laufe nicht den Frauen nach, im übrigen sei so was weniger schlimm als Homosexualität, die ihn im übrigen nicht plage.

Der Kleinkrieg mit dem Abt, der zunehmend auf dem Briefweg geführt wird, und die viele Schreibarbeit schwächen seine Gesundheit. Er ist allergisch gegen Milchsäure, und so kann er nur noch leichte Kost vertragen, die es im Kloster so nicht gibt. Naomi Burton hilft hier mit Eßpaketen aus. Bei Krankenhausbesuchen lernt er eine Krankenschwester kennen, die dann aber Louisville verläßt und heiratet. Merton und sie schreiben sich noch länger. Mertons Stimmungen wechseln. In gelegentliches Wohlsein mischen sich Gedanken an den Tod, vor allem als er 1967 hört, daß zwei seiner engsten Freunde gestorben sind. Zu dieser Zeit denkt er auch häufiger an die zurück, die von seiner Familie noch übriggeblieben sind. So schreibt er einer alten Tante in Neuseeland häufiger und freut sich über jeden Antwortbrief.

Es ist schwer zu sagen, was in Merton 1967 und 1968 wirklich vorgegangen ist. Einen gewissen Aufschluß geben die Bücher, die er zu der Zeit, zum Teil mit großer Eile, geschrieben hat. Es sind seine letzten Bücher: *Cables to the Ace* und *The Geography of Lograine*.

Cables to the Ace (Telegramme an das As) sind verschlüsselte Botschaften an Gott in einer gottlosen Welt. Es handelt sich um eine Mischung von Sinn und (scheinbarem) Unsinn, der Grundton ist satirisch. Die Texte handeln im wesentlichen von modernem Wirrwarr und von gewalttätiger Zerstörung, kurz: vom Niedergang der Zivilisation.

Im Vorwort sagt Merton, diese „Mosaiksteine" seien nicht absichtsvoll zentriert und nicht gezielt. Der Dichter habe seine Adresse geändert, und seine Verskunst sei „in Ferien". Im übrigen schreie er nicht in dem „alten Tunnel".

Das heißt: Er will anders schreiben als bisher, seine Adresse ist nicht mehr Gethsemani. Er ist aus dem alten Tunnel heraus, und was das poetische Regelwerk anbetrifft, hat er es „beurlaubt".

> Ich bin die Verkörperung von jedermann und
> die Zonen der Beruhigung.
> Ich bin der Geburtshelfer des Glücks. Ich wohne
> in den Gesellschaftskäfigen der Freude.
> Es ist Morgen, Nachmittag oder Abend. Anfangen.
> Auch ich habe hier in meinem gestohlenen Cadillac
> geschlafen,
> auch ich habe den Paradiesesschwan nicht genügend
> gründlich studiert.[5]

[5] Angaben zu den beiden Büchern in den Literaturhinweisen.

Weil Merton glaubt, die Sprache sei hoffnungslos abgenutzt, sucht er frische, unverbrauchte Formulierungen. Die konformistische, materialistische Gesellschaft sperrt die Menschen ein („Gesellschaftskäfige"), und sie hält die Menschen davon ab, Möglichkeiten der Rückkehr ins Paradies („Paradiesesschwan") zu bedenken und zu erproben, aber es gibt noch Hoffnung, vor allem in der Natur und im richtig verstandenen Glauben:

> Ich bewundere den Specht und die Taube
> in der einfachen Mathematik ihrer Flugbewegungen.

Er besingt die „verborgene Liebe" im Boden, die morgen in „grünen Pflanzen und Gärten" ans Licht kommen wird.
Christus sucht nach dem Jünger, der sich verrannt hat, weil er „zu gebildet ist, um Worten zu glauben". Der Jünger kann nur dann aus seinem falschen Schlaf aufwachen, wenn er die gesellschaftlichen, politischen und wirtschaftlichen Grundlagen der menschlichen Existenz zur Kenntnis nimmt. Er darf nicht seinen Dornröschenschlaf weiterschlafen. Er muß aus dem Schloß heraus.
In der modernen Welt ist der Dichter ganz auf sich allein gestellt. Er muß seine eigene Vision entwickeln und verkünden, er muß

> Allein hinuntergehen
> in den Nachthimmel,
> Hand auf Hand
> und in ihm graben
> wie in einem Bergwerk.

The Geography of Lograine (Die Geographie von Lograine), sein letztes Buch, ist ein Mosaik von Träumen, in denen Mertons eigene Erfahrungen mit denen „jedes anderen“ vermischt sind. Lograine ist der Name eines mythischen walisischen Königreichs, in dem Wort sind aber auch Wörter wie *Logos* (Wort) und *Logogramm* versteckt.

Doch es geht hier nicht in erster Linie um ein sagenhaftes walisisches Königreich, sondern um die ganze Erde. Merton ordnet sein vielfältiges Material, im wesentlichen Zitate und Anspielungen auf historische Ereignisse, den vier Himmelsrichtungen zu. Nehmen wir als Beispiel den Süden: Kentucky, Florida, Lateinamerika und Afrika. Von Kentucky, genauer: Fort Knox, sind Gewalt und Materialismus ausgegangen. Weiße Händler und Missionare beuteten die Eingeborenen aus. Die Konquistadoren, vor allem die spanischen Eroberer, jagen „mit Feuer in ihren Fingern“ den Menschen in Amerika Angst ein, daß die Welt von Teufeln kontrolliert wird. Am Schluß kommt Merton auf unsere Gegenwart zurück: Polizisten, die mit Tränengas und Gummiknüppeln gegen Demonstranten vorgehen, setzen die unselige „Arbeit“ der Eroberer fort.

So mustert er die Erdteile durch, entdeckt überall Gewalt und Unterdrückung, und das Schlimmste ist, daß die Menschen in der Dritten Welt vom Materialismus Europas und der USA angesteckt werden. So bitten eingeborene Sänger um „ein Haus voller Gewehre, um eine weiße Haut und um das Leben, wie es ‚Weißmann‘ führt.“

Am ausführlichsten ist der dem Osten gewidmete Teil. Merton zitiert Ausschnitte aus dem Tagebuch von Ibn Battuta, einem marokkanischen Muslim des 14. Jahrhunderts, der eine Asienreise unternahm, und er kommt auf Bronislaw Malinowskis Südsee-Tagebuch zu sprechen. Das zeigt, daß Merton zunehmend in den Osten schaut, von dem er sich die Heilung „westlicher" Wunden allgemein und insbesondere so etwas wie seine eigene Erlösung erwartet.

Ganz persönlich ist auch die Erinnerung an Wales, sein „dunkles Vater-Mutterland", aus dem seine Vorfahren stammen. Er sucht in dieser Zeit nach den Wurzeln seiner Familie, hält Zwiesprache mit den Toten, so, als fühle er, daß er bald bei ihnen sein könnte.

Es fällt auf, daß in diesem letzten Buch kaum noch christlich-religiöse Elemente zu finden sind. Vielmehr mischen sich hier die unterschiedlichsten Bruchstücke aus allen Phasen der Geschichte und aus allen Regionen der Erde: „fluencia", Flux, Fluß, Auflösung aller scharf umgrenzten Individualität, Schwimmen in einem wirbelreichen Strom.

Diese letzten Bücher zeigen deutlicher als frühere seiner rund 60 Publikationen in Buchform, daß Merton nicht der Dichter mit einer unverwechselbaren, eigenen Stimme ist, und er hat auch nicht eine bestimmte „Geographie", wie beispielsweise James Joyce (Dublin) und Günter Grass (Danzig). Er dichtet Lesefrüchte unterschiedlicher Herkunft und unterschiedlichen Charakters weiter und flicht sie zu lockeren Texten zusammen. Er collagiert. Er siebt nicht genügend aus, arbeitet nicht lange genug an seinen Texten, um jenen Punkt zu erreichen, an dem der Leser/die Leserin das Gefühl hat: Dies ist ein (irgendwie) „runder" Text. Aber vielleicht hat Merton das auch nicht gewollt. Ein „runder" Text würde seiner Überzeugung widersprechen, daß es nicht auf Abgrenzung, Einkugelung und nicht auf

Dichtung „für alle Ewigkeit", sondern auf Öffnung, Fluß und spontanes Reagieren auf den Augenblick ankommt.

Ende 1967 dankt der alte Abt, Dom James Fox, ab. Merton könnte sein Nachfolger werden. Doch er lehnt ab. Er will kein Amt in einer noch halbmittelalterlichen Organisation, und er hat nicht mehr die alte Kraft. Der neue Abt ist liberal. Er mag Merton, und dieser hat das Gefühl, ein Druck sei von ihm genommen. Er darf ein Kloster in Neu-Mexiko besuchen, und dort betrachtet er mit großer Freude eine schöne rothaarige Frau, die an einem See sitzt. Er ist traurig, als er hört, daß seine alte Tante in Neuseeland bei einem Fährunglück ums Leben gekommen ist. Wieder denkt er an die Toten seiner Familie.

Und dann kommt der Hinweis von einem Freund, im Dezember 1968 träfen sich in Bangkok (Thailand) Mönche aus aller Welt, um über die Situation der Ordensleute zu diskutieren und neue Wege zu suchen. Dazu seien auch buddhistische Mönche eingeladen.

Das ist die Gelegenheit, auf die Merton so lange gewartet hat. Der neue Abt sagt, er solle ruhig fahren. Sofort überlegt Merton, welche Länder und Orte er dabei sonst noch besuchen könnte. Kalkutta, Indonesien, Hongkong, Burma, Nepal, Japan? Auf der Rückreise vielleicht Griechenland und Wales? Man wird sehen.

Er bereitet sich gründlich vor, liest Asienliteratur, überlegt sich Themen, über die er in Asien sprechen will. Da kämen Karl Marx und Herbert Marcuse, der Kritiker der „eindimensionalen" westlichen Gesellschaft, zuallererst in Frage. Aber vor allem möchte er in Ostasien, wenn irgend möglich, Klarheit bekommen über sich selbst und seinen weiteren Weg. Er glaubt, er sei endlich „auf dem richtigen Weg", notiert er am 15. Oktober 1968 im Flugzeug. Und dies sind die Stationen seiner Reise: San Francisco, Honolulu, Bangkok, Kalkutta, Neu-Delhi, Dharamsala (wo er den Dalai Lama spricht), Darjeeling, Kurseong, Madras, Colombo, Kandy, Singapur und noch einmal Bangkok. Weil diese Reise für ihn so wichtig ist, führt er von Anfang an Tagebuch. Darin möchte er alle Eindrücke festhalten und, soweit im Augenblick möglich, auswerten. Sein Ziel: Er will „kühl, hell und ruhig werden"[6]. Zur Erfüllung seiner „Touristenpflichten" hat er eine Kamera im Gepäck.

Vor dem Flug über den Pazifik nach Ostasien besucht er in San Francisco den Verleger und Dichter Lawrence Ferlinghetti, der Texte der Beat-Dichter, der Hippies, veröffentlicht. Ferlinghetti erklärt Merton, daß das Wort Beat eine doppelte Bedeutung hat: Einmal heißt es „todmüd" und „geschlagen", zum anderen „auf sich konzentriert", „glückselig". Merton blättert in den Texten der Beatniks: Was sie alle gemeinsam haben, ist ihre Kritik an der von ihnen als korrupt und seelenlos empfundenen kapitalistischen Gesellschaft und ihre Hinwendung zu ostasiatischem Gedankengut, die in San Francisco mit seinem großen ostasiatischen Bevölkerungsanteil leicht fällt. Besonders beeindruckt ist Merton von Allen Ginsburgs langem Gedicht *Howl* (Heulen, oder ‚heule'), 1955. Später in Ostasien trifft er auf Hippies, die Europa und den USA den Rücken gekehrt haben, und sie sagen, er, Merton, sei „einer der ersten Hippies" gewesen. Im Flugzeug liest er in Hermann Hesses Legende *Siddharta* (1922), in der berich-

[6] Vgl. *Asian Journal* (s. Literaturhinweise).

tet wird, wie ein junger Brahmane durch innere Einkehr mit seinen Trieben fertig wird. Seine alten Vorbehalte reisen gleichsam mit: In Kalkutta kritisiert er den „Irrsinn“ des ungebremsten Wachstums der Städte und der Bevölkerung, und er spricht sich erneut für den Gebrauch von empfängnisverhütenden Mitteln aus. Wie fast immer bei ihm, sind auch hier Augenblickseindrücke der Motor, der seine Gedanken in Bewegung setzt. Im Gewühl von Kalkutta streckt ein bettelndes Mädchen die Hand in das Auto, in dem Merton fährt. Er hat kein indisches Geld, und er ist todtraurig, als er sehen muß, wie die Hand des Mädchens kraftlos heruntersinkt. Grelle amerikanische Filmplakate in den Städten regen ihn auf. Dann die Sorge, daß der konservative Richard Nixon die amerikanischen Präsidentschaftswahlen gewinnen könnte. (Tatsächlich bleibt der listenreiche Nixon Sieger.) Ferner seine Abneigung gegen bewaffnete Überorganisation: Die Polizisten, die die Pässe kontrollieren, haben sehnige Gesichter „voller Selbsthaß“. Er vergißt auch nicht zu notieren, daß in Bonn „zwei weitere Offiziere“ Selbstmord begangen haben. Er teilt die Naivität Ernesto Cardenals dem realexistierenden Kommunismus gegenüber, wenn er schreibt, nur die Reichen brauchten ihn zu fürchten. Als er englische Kirchenlieder hört, erwacht seine Abneigung gegen alles Englische.

Auch die körperlichen Beschwerden begleiten ihn. Verdorbenes Wasser führt zu Durchfall, er findet nicht genug Schlaf, er ist stark erkältet. Der rasche Ortswechsel, lange Zugfahrten, auch bei Nacht, zehren an seinen Kräften. Es gibt Verständigungsschwierigkeiten, da die Dolmetscher oft nicht richtig übersetzen. Es kommt zu Mißverständnissen.

Und erneut die Widersprüche: Einmal ist er gegen Wiederaufforstung, dann wieder dafür. Einmal sind Erdrutsche ein Unglück, dann wieder nicht. Einmal ist die Zivilisation von Grund auf schlecht, dann wieder entdeckt er ihre Segnungen. Diese Gespaltenheit zeigt sich auch in seiner Beurteilung des Fernen Ostens. Das indische „Mandala-Zeug" nutzt ihm nichts, bringt ihm keine Erleuchtung. Das Meditieren über ein Mandala, ein mystischer Kreis oder auch ein Vieleckbild, ist seiner Meinung nach nicht sehr sinnvoll, weil es sich, genau wie bei Ignacio de Loyola, auf winzige visuelle Punkte beschränkt. Doch dann wieder die Empfehlung an den Westen, vom Osten Meditation zu lernen.

Ostasien beantwortet ihm nicht alle seine Fragen, er hat nicht das Bedürfnis, hier zu bleiben. Gethsemani erscheint ihm aus der Entfernung nicht mehr ganz so schlimm. Sollte er sich in Alaska niederlassen, fragt er. Muß sich für ihn hier in Asien überhaupt etwas entscheiden? Nichts muß entschieden werden, notiert er, Asien muß nicht irgendwie „kategorisiert" werden, nichts braucht beurteilt zu werden. Ganz im Gegenteil: Man darf auch in Asien nicht nach Türen suchen, die man nur zu öffnen braucht, um endgültig angekommen zu sein. Es hat keinen Zweck, nach vermeintlich eindeutigen Zeichen und Wegemarken zu suchen. Er zitiert in diesem Zusammenhang Sariputra, den der Buddha einmal fragte: „Glaubst du an mich?" Sariputra antwortete: „Nein". Buddha schätzte ihn wegen dieser Antwort besonders hoch, denn er wollte nicht, daß irgend jemand im falschen Glauben an seine, Buddhas, Autorität das Suchen aufgäbe. Das Leben bietet unendlich viele Möglichkeiten, deshalb ist es falsch, an einem Punkt für immer zu parken.

Deshalb fragt sich Merton kritisch: Passe ich nach Ostasien? Soll er sich der Illusion hingeben, daß es da noch wirklich „etwas anderes“ gibt? In Asien zu sein kann für ihn viel bedeuten oder gar nichts: Vieles ist geschehen, und doch ist nichts geschehen. Er hat nicht das Gefühl, hierher gerufen worden zu sein. Es ist kein Wink des Schicksals. Er hat keinen blassen Schimmer, ob er das „wirkliche Asien“ gefunden hat.
An diesem grundsätzlichen Sich-offen-Halten ändern auch die Gespräche mit Sufis (Muslime, die mystischen Glaubenserfahrungen zuneigen), Juden und buddhistischen Mönchen nichts. Die Unterhaltung mit dem im Exil lebenden Dalai Lama ist interessant, aber nicht wegweisend für Merton. Ein tibetanischer Guru soll ihn nicht nur vom Diktat seines Körpers, sondern auch vom Einfluß seines Geistes befreien, denn Merton weiß, wie fixe Ideen einen Menschen bestimmen können. Der Lama Madhyamika sagt: Sieh alles ohne einen festen Standpunkt an!
So verwundert es nicht, daß die Höhepunkte von Mertons Asienreise der Anblick einer Figur des Schiwa (Madras) und der Riesenbuddhas in Polonnaruva sind. Die Figur des Schiwa wird vom Wasser umspült: Das Meer ist eine Frau, gerinnt niemals zu fester Form, bleibt offen, weich. Am meisten beeindruckt ist er jedoch von den Figuren der Buddhas in Polonnaruva auf Sri Lanka (früher Ceylon). Nie in seinem Leben habe er, Merton, soviel Schönheit und Geist gesehen. Hier hat er das gefunden, was er immer gesucht hat. Er weiß nicht, was noch kommen wird, aber er hat die Oberfläche durchstoßen und jede Verkleidung abgestreift.
Doch worin besteht nun diese Verwesentlichung und Reinigung? Nicht darin, daß Merton jetzt eine endgül-

tige Botschaft entdeckt zu haben glaubt, etwas, das er als gefundenes oder erreichtes Endziel bezeichnen und nach Amerika mitnehmen könnte. Vielmehr ist es die Offenheit, die aus den lächelnden Gesichtern der Buddhas spricht: Sie legen sich und niemanden fest, sie fragen nichts, sie sagen nichts, sie wissen alles. Sie weisen nichts zurück, lassen sich auf nichts ein, ihre Botschaft ist: Halte dich offen, bleibe unterwegs!

Merton ist seiner Grundüberzeugung treu geblieben, daß man nie und nirgends haltmachen darf, auch nicht in Ostasien, und so denkt er darüber nach, ob er als nächstes nicht Alaska oder Kalifornien versuchen sollte. Er fragt den Abt in den fernen USA, ob er seine Reise nicht verlängern könne. Er möchte sich vielleicht noch die Schweiz, Wales und Schottland genauer ansehen.

Doch da ist zunächst noch die Konferenz von Mönchen aus aller Welt, der Hauptgrund seiner Asienreise. Am 10.12.1968 spricht er vor ihnen über Marxismus und marxistische Perspektiven. Er führt unter anderem aus, Marxisten und Mönche, die guten Willens seien, wollten gleicherweise eine bessere Welt und seien für notwendige Veränderungen offen. Die Mönche lebten, wie Marx es als das Ideal bezeichnet habe: Jeder arbeitet seinen Fähigkeiten entsprechend, und jeder bekommt entsprechend seinen Bedürfnissen. Ein tibetanischer Abt verlagert die Diskussion in das aktuelle politische Geschehen: Das kommunistische China hat Tibet „angegliedert". Jetzt, so sagt der Abt, „stehe jeder auf sich gestellt". Einig sind sich alle darin, daß von veralteten Strukturen im Religiösen und auch im Politischen nicht mehr viel erwartet werden kann. Alle Religionen müßten gemeinsam nach neuen Möglichkeiten suchen.

Was dann unmittelbar nach dieser Diskussion geschieht, hat Bruder Patrick Hart (Gethsemani) aus Polizeiakten und Augenzeugenberichten zu rekonstruieren versucht. Merton geht gegen 13.30 Uhr in seinen Bungalow, um sich ein wenig zu entspannen. Er wirkt aufgeräumt, als er den Konferenzraum verläßt. Kurz darauf hört man einen Schrei, glaubt aber an eine Sinnestäuschung. So findet man ihn erst eine Stunde später tot auf dem Rücken liegen. Der noch laufende Ventilator liegt quer über seiner Brust. Es stellt sich heraus, daß die Drähte des Ventilators defekt sind. An Mertons rechter Seite und am Arm entdeckt man eine Brandwunde und Schnitte. Hinten am Kopf ist etwas Blut zu sehen.
Die genaue Todesursache läßt sich nicht klären, nachdem entschieden worden ist, daß man wegen bürokratischer Umstände auf eine Autopsie verzichten möchte. Bleiben Spekulationen. Hat er nach dem Duschen einen Herzanfall erlitten und im Fallen den Ventilator mitgerissen? Oder hat er, weil er mit nackten Füßen auf dem Steinboden stand, einen tödlichen elektrischen Schlag bekommen, als er den defekten Ventilator berührte? (Der Mönch, der den Stecker des Ventilators aus der Wand zieht, bekommt einen elektrischen Schlag, der aber nicht tödlich ist, wahrscheinlich deshalb nicht, weil er Schuhe trägt.)
Eine Woche später bringt ausgerechnet eine amerikanische Militärmaschine, die aus Vietnam kommt, den Leichnam nach Louisville, von wo aus er nach Gethsemani überführt wird. In der Abenddämmerung des 17. Dezember 1968 wird Merton auf dem Klosterfriedhof bestattet. Das Grab liegt unter Zedern und trägt ein einfaches weißes Kreuz. Er ist 53 Jahre alt geworden.

Warum Merton?

Thomas Merton ist eine der wenigen bedeutenden religiösen Persönlichkeiten dieses Jahrhunderts, und der „Mertonismus“ ist ein wesentliches Element unserer Zeit.

Merton hat keinen Orden und kein Sozialwerk gegründet. Er war an keinem großen Ereignis unmittelbar beteiligt. Sein umfangreiches schriftstellerisches Werk ist nicht ausgesprochen originell. Er ist nicht für eine Selig- oder Heiligsprechung im Gespräch. Er war in beinahe allem, was er tat, ein Amateur. Wie erklärt sich dann aber seine unverminderte Ausstrahlung?

Er war mit allen wesentlichen Entwicklungen unserer Zeit verbunden: drohende Selbstvernichtung der Menschheit durch nukleare Waffen, Umweltzerstörung, Hunger, Überbevölkerung, Empfängnisverhütung, Rassenkonflikte, die Risiken des American Way of Life, Kommunismus. Vor allem aber beschäftigte ihn die Rolle der Religionen und speziell die Haltung der katholischen Kirche gegenüber den großen Herausforderungen der Moderne und den seelischen Nöten des einzelnen in einer Massengesellschaft, in der die religiöse „Luft“ immer dünner zu werden scheint. Merton stellte hartnäckiger als viele andere Zeitgenossen bohrende, unausweichliche Fragen an Institutionen und Menschen, wies auf Fehlentwicklungen hin und prüfte Lösungsmöglichkeiten durch, machte seine kleine Mönchszelle im Trappistenkloster Gethsemani zu einer Art Test-Labor für die Kräfte und Menschen seiner (und unserer) Zeit.

Dazu brachte er geradezu ideale Voraussetzungen mit. Als Kind mußte er laufend den Wohnort und den Kulturkreis wechseln. Er wurzelte nicht in einem stabilen bürgerlichen Milieu fest, blieb nach seinen eigenen Worten sein Leben lang ein „Tramp". Er wuchs auch nicht in ein bestimmtes religiöses Milieu hinein. Deshalb fiel es ihm nicht schwer, unbefangen und unbelastet auf die verschiedensten Religionen und Kulturen zuzugehen. Er war ein bißchen wie das Kind in Andersens Märchen *Des Kaisers neue Kleider*, das sich ohne Scheuklappen den angeblich prächtig gekleideten Monarchen ansieht und feststellt, daß er nackt dasteht. Er hatte viel Kraft, arbeitete trotz lästiger (kleinerer) körperlicher Gebrechen unentwegt, hatte Humor und ein Talent zur Freundschaft. Er widerstand jeder Versuchung, sich frühzeitig „zur Ruhe zu setzen" und sich einzurichten und die Suche nach neuen, möglicherweise fruchtbareren Perspektiven abzubrechen. Er blieb bis zum Ende „unterwegs" und ließ sich auch nicht in dem von ihm so sehr geschätzten und geliebten Ostasien beruhigen und vereinnahmen. Für ihn gab es keinen Gegensatz zwischen Religion und Kultur, zwischen der christlichen Botschaft und moderner Literatur und Kunst.

Was seine Fragen an die katholische Kirche allgemein und besonders an das Klosterleben so scharf und dringlich machte, war vor allem ein persönliches Problem: Da er als Kind und dann auch noch als Jugendlicher „unbehaust" geblieben war und die Mutter ihm nicht die Liebe gegeben hatte, die er gebraucht hätte, da zudem seine engere Familie recht früh wegstarb, war er, mehr unbewußt als bewußt, ständig auf der Suche nach einem Haus (casa) und nach einer Mutter. Er erwartete, daß er im Kloster Gethsemani all das finden würde, war er doch der Meinung, christliche Institutionen müßten, ihrem Vorbild Jesus Christus folgend, vor allem dem einzelnen Mühseligen und Beladenen Heimat, Trost und Liebe schenken. Er wurde enttäuscht und suchte weiter. Er entdeckte, wieviel ihm die Freundschaft von Frauen zu geben vermochte. Er wurde sein Leben lang nicht damit fertig, daß er als Student in Cambridge eine junge Frau mit ihrem / seinem Kind hatte sitzenlassen. Er wußte, daß die Erlebnisse und Erfahrungen aus Kindheit und Jugend von entscheidender Bedeutung sind. Er war da zu kurz gekommen, er war verunsichert, suchte nach Verständnis und Zuspruch und fand sie vor allem bei Frauen, auf die er unbefangen wie Jesus Christus zuging.

Merton war nicht selten widersprüchlich, aber er hielt sich an das Wort des von ihm verehrten William Blake: Ohne Gegensätze kein Weiterkommen.

Merton ist eine Art Heiliger für unsere Zeit, und sein Leben hat uns eine ganze Menge über den religiösen Wandel zu sagen, den wir zur Zeit erleben.

Die wichtigsten Lebensdaten

31.1.1915	in Prades (Südfrankreich) geboren
1921	Tod der Mutter
1928	nach England
1931	Tod des Vaters
1935	nach den USA
16.11.1938	katholisch getauft
Dezember 1941	Eintritt ins Trappistenkloster Gethsemani (Kentucky)
April 1943	Tod von Bruder John Paul
1948	Ewige Gelübde
26.5.1949	Priesterweihe
1955	besonders schlimmes Krisenjahr
Ende 1968	Reise nach Südostasien
10.12.1968	Tod in Bangkok

Literaturhinweise

1. Primärliteratur

Von den etwa 60 größeren Publikationen Thomas Mertons seien hier nur wenige genannt (Übersetzungen ins Deutsche in Klammern):

The Seven Storey Mountain, New York 1984 gekürzt: Elected Silence, London 1969 (Der Berg der sieben Stufen, Zürich 1990)

The Sign of Jonas, New York 1948 (Das Zeichen des Jonas, Einsiedeln 1954)

The Secular Journal, New York 1959 (Weltliches Tagebuch 1939–1941, Einsiedeln 1960)

A Thomas Merton Reader, ed. Thomas P. McDonnel, New York 1962

The Collected Poems of Thomas Merton, New York 1977 (Gedichte, Teilausg., Einsiedeln 1966)

The Asian Journal of Thomas Merton, ed. Naomi Burton, Brother Patrick Hart and James Laughlin, New York 1973 (*Asiatisches Tagebuch*, Einsiedeln 1987, auch: Das letzte Tagebuch des Thomas Merton, Wuppertal 1976)

Mystics and Zen Masters, New York 1967

Cables to the Ace, New York 1968

The Geography of Lograine, New York 1969

2. Sekundärliteratur

Monica Furlong, Merton. A Biography, London 1980 (Aufschlußreich im Biographisch-Persönlichen und Privaten, zu knapp und lückenhaft in der Darstellung von Mertons literarischem Werk. Abgewogen im Urteil. Lesenswert)

Edward Rice, The Man in the Sycamore Tree, New York 1972 (Kritisch gegenüber der Behandlung Mertons in Gethsemani)

3. Weitere Informationsquellen

Thomas Merton Studies Center
Bellarmine College, Louisville, KY 40205, USA

Thomas Merton Collection
St. Bonaventure's College, Olean, NY 14760, USA